L'ANGLAIS

instantané

Elisabeth Smith

Joseline Bougain,
Conseil en Linguistique

TEACH YOURSELF BOOKS

Ce livre s'accompagne d'une cassette (ISBN 0 340 79084 9) et d'un CD (ISBN 0 340 80175 1). En cas de difficultés pour obtenir l'un ou l'autre en librairie, veuillez vous addresser à Bookpoint Ltd, 39 Milton Park, Abingdon, Oxon OX14 4TD. Téléphone : (44) 01235 400414, Fax : (44) 01235 400454. Nos lignes téléphoniques sont ouvertes de 9h00 à 18h00 du lundi au samedi. Service de répondeur automatique 24 h. sur 24. Adresse électronique : orders@bookpoint.co.uk

For U.S.A. & Canada order queries: please contact NTC/Contemporary Publishing, 4255 West Touhy Avenue, Lincolnwood, Illinois 60646–1975, U.S.A. Telephone: (847) 679 5500, Fax: (847) 679 2494.

Long renowned as the authoritative source for self-guided learning – with more than 30 million copies sold worldwide – the *Teach Yourself* series includes over 200 titles in the fields of languages, crafts, hobbies, sports, and other leisure activities.

British Library Cataloguing in Publication Data
A catalogue entry for this title is available from The British Library.

Library of Congress Catalog Card Number: On file

First published in UK 2001 by Hodder Headline Plc, 338 Euston Road, London, NW1 3BH.

First published in US 2001 by NTC/Contemporary Publishing, 4255 West Touhy Avenue, Lincolnwood (Chicago), Illinois 60646–1975 U.S.A.

The 'Teach Yourself' name and logo are registered trade marks of Hodder & Stoughton Ltd.

Copyright © 2001 Elisabeth Smith

Typeset by Transet Limited, Coventry, England.
Printed in Great Britain for Hodder & Stoughton Educational, a division of Hodder Headline Plc, 338 Euston Road, London NW1 3BH by Cox & Wyman Ltd, Reading, Berkshire.

Impression number   10 9 8 7 6 5 4 3 2 1
Year   2005 2004 2003 2002 2001

INDEX

COMMENT UTILISER
CE LIVRE

L'Anglais INSTANTANÉ a été structuré afin d'assurer votre succès.

GUIDE JOURNALIER Suivez les instructions à la lettre. Si vous n'avez pas pu étudier un jour, rattrapez-le.

DIALOGUES Suivez Pierre et Chantal dans leurs déplacements en Angleterre. Le français des Semaines 1–3 est une traduction littérale de l'anglais afin de vous habituer à la construction anglaise.

MOTS NOUVEAUX Ne vous en effrayez pas, mais ne les sautez pas non plus – Apprenez-les !

GRAMMAIRE ULTRA SIMPLIFIÉE Le fait de l'avoir lue, même si vous en oubliez la moitié, vous aidera à arriver quand même au but ! Ça c'est vraiment une bonne nouvelle, non ?

MOTS FLASH ET PHRASES FLASH Lisez à quoi servent ces 'matériaux de construction' ou 'modules' dans la section consacrée aux Fiches Flash à la page 64. Et utilisez-les !

APPRENEZ-LE PAR COEUR Obligatoire ! Emmagasiner tout cela dans votre mémoire vous permettra très rapidement de faire des phrases complètes.

PARLONS ANGLAIS C'est à vous de parler … anglais.

REPÉREZ LES MOTS-CLÉS Ecoutez 'l'anglais rapide' et essayez d'en capter le sens.

DITES-LE TOUT SIMPLEMENT Apprenez à utiliser *L'Anglais* INSTANTANÉ de la façon la plus simple possible pour pouvoir vous exprimer. Allez, ne soyez pas timide !

TESTEZ VOS PROGRÈS Donnez-vous des notes. Vous serez étonné du résultat.

C'est ici que vous trouverez les réponses aux exercices.

Ce symbole veut dire : Ecoutez la cassette/le CD. Si vous n'avez pas encore la cassette/le CD, commandez-la à votre libraire.

TABLEUR DE PROGRÈS Notez vos résultats chaque semaine et analysez vos progrès. Votre but est-il de récolter un *très bien* ou un *excellent* ?

Certificat Il figure à la dernière page. Dans six petites semaines, votre nom y sera !

À LIRE AVANT DE COMMENCER

Si vous êtes comme moi, vous sautez les introductions. Croyez moi, ne sautez pas cette page. Lisez le texte ! Vous devez connaître la philosophie de *l'Anglais* INSTANTANÉ et savoir pourquoi ça marche.

Lorsque j'ai entrepris de rédiger la série INSTANTANÉ, je l'ai tout d'abord baptisée *Le Minimum Indispensable* parce que c'est exactement ce que vous recherchez : pas de temps perdu, pas de complication, juste l'essentiel pour pouvoir se lancer !

L'Anglais INSTANTANÉ contient :
• Seulement 362 mots – pour tout dire, enfin… presque tout.
• Pas de grammaire – seulement quelques bons conseils.
• Pas de temps perdu avec des expressions d'un classicisme douteux du genre 'la plume de ma tante …'
• Nul besoin d'être parfait. Les erreurs ne vont pas vous empêcher de réussir.
• Et puis surtout : Vous allez parler *L'Anglais* INSTANTANÉ dès le premier jour.

Mes 30 ans d'expérience de professorat m'ont beaucoup servie pour organiser ce cours. Je sais pendant combien de temps on est motivé par un nouveau projet (quelques semaines) et combien de temps on peut consacrer à l'étude chaque jour ($1/2$ heure).

C'est pourquoi je sais que vous pouvez finir le cours *d'Anglais* INSTANTANÉ en six semaines, à raison de 35 minutes par jour.

Vous accompagnerez Pierre et Chantal Durant au cours de leurs vacances en Angleterre. Ce couple fait tout ce qui est susceptible de vous être utile : des courses, des repas au restaurant et des déplacements. Vous remarquerez que Pierre et Chantal parlent en *Anglais* INSTANTANÉ tout le temps, même entre eux. Ils sont parfaits, vous ne trouvez pas ?

Il y a encore deux choses que vous devez faire :
• Suivez le Guide Journalier très strictement. Ne sautez rien, vous compromettrez votre succès. Tout a été fait pour une bonne raison.
• Ce serait une bonne idée d'acheter la cassette/le CD qui accompagne ce livre. Cela vous aidera à parler plus vite et avec assurance.

Une fois que vous aurez rempli votre certificat qui est à la fin du livre et que vous serez lâché dans la nature pour pratiquer *l'Anglais* INSTANTANÉ, cela me ferait plaisir d'avoir de vos nouvelles. Vous pouvez m'écrire à esmith@mercuryin.es

LE TABLEUR QUI
MONTRE VOS PROGRÈS

À la fin de chaque semaine, notez vos résultats sur le Tableur de Progrès ci-dessous.

À la fin du cours, ne tenez pas compte de votre plus mauvais résultat – tout le monde peut avoir une mauvaise semaine – et ajoutez vos cinq meilleurs résultats chaque semaine. Divisez le total par cinq pour calculer votre moyenne et avoir une idée du résultat du cours en général.

Notez soigneusement votre résultat – extraordinaire, excellent, très bien ou bien – sur votre Certificat qui figure à la fin du livre. Si vos résultats dépassent 80%, vous pouvez en agrandir le format et l'encadrer !

TABLEUR DE PROGRÈS

90–100%							extraordinaire
80–90%							excellent
70–80%							très bien
60–70%							bien
semaines	1	2	3	4	5	6	

TOTAL DES CINQ MEILLEURES SEMAINES

DIVISÉ PAR CINQ =

VOTRE RÉSULTAT FINAL _____ %

1 | **GUIDE JOURNALIER**

Étudiez pendant 35 minutes – ou plus longtemps si vous le pouvez !

Jour J
- Ouvrez ce livre et lisez : À LIRE AVANT DE COMMENCER.
- Ensuite lisez : COMMENT UTILISER CE LIVRE.
- PRONONCIATION Si vous ne savez pas exactement comment vous y prendre et n'avez pas la cassette/le CD, allez directement à la page 11. Vous devez savoir prononcer avant de commencer la Semaine 1.

Jour 1
- Lisez DANS L'AVION.
- Ecoutez/Lisez : IN THE AEROPLANE.
- Ecoutez/Lisez les MOTS NOUVEAUX, vous en apprendrez sûrement quelques-uns…

Jour 2
- Répétez IN THE AEROPLANE et les MOTS NOUVEAUX.
- Ecoutez/Lisez PRONONCIATION.
- Relisez les MOTS NOUVEAUX.

Jour 3
- Apprenez tous les NOUVEAUX MOTS jusqu'à ce qu'ils vous soient vraiment familiers.
- Utilisez les fiches de MOTS FLASH pour vous aider.
- Lisez et assimilez la GRAMMAIRE ULTRA-SIMPLIFIÉE.

Jour 4
- Découpez et apprenez les fiches de PHRASES FLASH.
- Ecoutez/Lisez APPRENEZ-LE PAR COEUR (page 16).

Jour 5
- Ecoutez/Lisez PARLONS ANGLAIS (page 15).
- Revisez ! Demain vous allez pouvoir évaluer vos progrès !

Jour 6
- Traduisez TESTEZ VOS PROGRÈS.

Jour 7 C'est votre jour de repos !

🎧 *DANS L'AVION*

Pierre et Chantal Durand vont en Angleterre.

Le français des Semaines 1 à 3 est une traduction littérale de l'anglais pour que vous puissiez vous habituer à la construction anglaise dès le début.

Pierre Excusez-moi, nous avons places neuf a et neuf b.

Mark Ah oui, un moment s'il vous plaît.

Pierre Bonjour. Nous sommes Pierre et Chantal Durand.

Mark Bonjour. Mon nom est Mark Spencer.

Pierre Marks et Spencer ?

Mark Non, malheureusement non. Je suis Mark – Spencer.

Pierre Nous allons à Londres. Vous aussi ?

Mark Non, je vais à Manchester. Mais je suis d'Oxford.

Pierre J'étais à Oxford en mai. Oxford est très beau. J'étais à Oxford pour ma société.

Mark Que faites-vous ?

Pierre Je travaille avec ordinateurs. Je travaille chez Du Pont.

Mark Et vous, Madame Durand ? Que faites-vous ? Où travaillez-vous ?

Chantal J'étais dans une agence de voyages. Actuellement, je travaille chez Renault. Le travail est meilleur.

Mark Vous êtes de Paris ?

Chantal Non, nous sommes de Toulouse. Nous étions à Paris trois ans et à Nice un an. Actuellement, nous sommes à Lyon.

Mark Je travaillais chez Harrods. Je suis actuellement chez Barclays Bank.

Chantal Comment est votre travail à la banque ? Bon ?

Mark Le travail n'est pas intéressant mais l'argent est meilleur. J'ai besoin de beaucoup d'argent. J'ai une grande maison, une Mercédès et quatre enfants. Ma femme est américaine. Elle a parents à Los Angeles et une amie en Australie et est toujours au téléphone. Cela coûte beaucoup d'argent.

Chantal Nous sommes en vacances. Vous aussi ?

Mark Non, malheureusement non. Mes vacances sont en septembre. Nous allons en Floride, mais sans les enfants. Nous avons une maison là bas – sans téléphone, et le portable est dans le coffre-fort !

🎧 📻 IN THE AEROPLANE

Pierre et Chantal Durand vont en Angleterre.

Pierre	Excuse me, we have seats 9a and 9b.
Mark	Oh yes, one moment please.
Pierre	Good morning. We are Pierre and Chantal Durand.
Mark	Hello. My name is Mark Spencer.
Pierre	Marks and Spencer?
Mark	No, unfortunately not. I am Mark – Spencer.
Pierre	We are going to London. You, too?
Mark	No, I am going to Manchester. But I am from Oxford.
Pierre	I was in Oxford in May. Oxford is very beautiful. I was there for my company.
Mark	What do you do?
Pierre	I work with computers. I work for Du Pont.
Mark	And you, Mrs Durand? What do you do? Where do you work?
Chantal	I was in a travel agency. Now I work for Renault. The job is better.
Mark	Are you from Paris?
Chantal	No, we are from Toulouse. We were in Paris for three years and in Nice for a year. Now we are in Lyon.
Mark	I worked at Harrods. I am now with Barclays Bank.
Pierre	How is your job at the bank? Good?
Mark	The job is not interesting but the money is better. I need a lot of money. I have a big house, a Mercedes, and four children. My wife is American. She has parents in Los Angeles and a friend in Australia and she is always on the telephone. That costs a lot of money.
Chantal	We are on holiday. You, too?
Mark	No, unfortunately not. My holidays are in September. We are going to Florida, but without the children. We have a house there – without a telephone, and the mobile phone is in the safe.

abcd... 🎧 MOTS NOUVEAUX

in *dans, à, en*
the *le, la, l', les*
aeroplane *avion*
excuse me *excusez-moi*
we have *nous avons*
seats *places, sièges*
nine *neuf*
a, b prononçez *'é', 'bi'*
and *et*
yes *oui*
one moment *un moment*
please *s'il vous plaît*
good morning *bonjour,*
  littéralement *'bon matin'*
hello *allô/bonjour*
we are *nous sommes*
my *mon, ma, mes*
name *nom, prénom*
is *est*
no *non*
unfortunately
  malheureusement
not *ne … pas, pas, pas de*
I am *je suis*
we are going *nous allons (en*
  ce moment même)
to *à*
you *vous, tu*
too, also *aussi*
I am going *je vais (en ce*
  moment même)
but *mais*
from *de*
I was *j'étais*
May *mai*
very *très*
beautiful *beau, belle*
there *là-bas, y*

for *pour*
company *compagnie, société*
  (selon le contexte)
what *que, quoi, qu'est-ce que*
what do you do? *que faites-*
  vous?
I work *je travaille*
with *avec, chez*
computers *(des) ordinateurs*
at *chez, à*
Mrs (prononçez: 'Mississ')
  Madame
where *où*
a *un, une*
travel agency *agence de*
  voyages
now *actuellement, maintenant*
job *poste, travail*
better *mieux*
you are *vous êtes, tu es*
we were *nous étions*
three *trois*
year, years *an, ans / année,*
  années
good *bon, bonne*
bank *banque*
how *comment*
your *votre, vos, ton, ta, tes*
interesting *intéressant(e)*
money *argent*
I need *j'ai besoin (de)*
a lot (of) *beaucoup (de)*
I have *j'ai*
big *grand(e)*
house *maison*
four *quatre*
children *enfants*
wife *femme/épouse*

American *américain(e)*	**costs** *coûte*
she has *elle a*	**the holiday/on holiday** *les*
parents *parents*	*vacances/en vacances*
friend *amie*	**September** *septembre*
always *toujours*	**without** *sans*
on the telephone *au téléphone*	**the mobile (phone)** *le*
it *ce, cela, il/elle* (se référant à	*téléphone portable*
des objets)	**the safe** *le coffre-fort*

TOTAL DES MOTS NOUVEAUX : 80
... il ne reste plus que 282 mots à acquérir !

Voici quelques extras faciles à assimiler

the months (les mois)

January, February, March, April, May, June, July, August, September, October, November, December

the numbers (les chiffres)

nought/zero,	**one,**	**two,**	**three,**	**four,**	**five,**	**six,**	**seven,**	**eight,**	**nine,**	**ten**
0	1	2	3	4	5	6	7	8	9	10

Autres salutations

How are you? *Comment allez-vous ? / Ça va ?*   **Good evening** *Bonsoir*   **Good night** *Bonne nuit*   **Goodbye** *Au revoir*

PRONONCIATION

La prononciation anglaise est très différente de la française. Donc si tout cela est nouveau pour vous, je vous recommande d'acheter la cassette/le CD. Vous allez progresser bien plus rapidement et vous allez pouvoir vous exprimer, même si au début c'est plutôt baragouiner en anglais en un rien de temps !

Mais peut-être avez-vous juste besoin de vous rafraîchir la mémoire – veuillez consulter le guide élémentaire suivant :

1 - Voyelles courtes

Le mot français entre parenthèses est un exemple qui essaye de reproduire le son. Prononcez le son À HAUTE VOIX et ensuite l'exemple anglais À HAUTE VOIX. N'oubliez pas qu'avec *l'Anglais* INSTANTANÉ même l'à peu près fait parfaitement l'affaire !

a	(patte)	**have, am, that, Harrods**
e	(être)	**yes, Spencer**
i	(Ritz)	**is, big**
o	(poste)	**job, Oxford**
u	(place)	**but**

2 - Voyelles longues

a	(marque)	**Mark, are**
e	(il)	**we**
o	(beau)	**no, going, moment**
o/u	(nous)	**do, computer, excuse**
y	(y)	**company, agency**
y	(travail)	**my**

N'essayez pas d'apprendre à distinguer si une voyelle est longue ou courte. Vous assimilerez tout cela sans même vous en rendre compte en écoutant la cassette/le CD.

3 - Voyelles doubles

ai, ay, a–e	(abbaye)	**Spain, name, holiday**
ea, ee, ey	(il)	**seats, three, money**
i – e	(travail)	**wife**
oo, ou	(vous)	**too, you**
ow, ou	(caoutchouc)	**how, house, without**

4 - Consonnes

Pas de panique ! On va voir juste celles qui sont différentes du français :

h Jamais muet, toujours prononcé ! Allez-y, dites : hhhhello !

r Vient de l'arrière-gorge, presque roulé en bloquant la langue.

th Mettez votre langue entre vos dents, un peu comme si vous zozotiez. Dites the, that, without.

w Essayez de prononcer 'ou-a' très rapidement, ou faites un 'oh!' avec vos lèvres comme si vous étiez un poisson rouge. Allez-y, dites : we, wife, without.

y Le début du mot est comme en français 'travail'. Allez-y, dites : yes.

Félicitations ! Vous venez d'acquérir les bases de la prononciation anglaise. Si ce n'est pas encore trop clair pour vous, il va falloir que vous achetiez la cassette/le CD.

GRAMMAIRE ULTRA SIMPLIFIÉE

Voici quelques notions de grammaire ultra simplifiée que vous allez retrouver chaque semaine. Je sais bien que je vous ai promis d'éviter toute grammaire horripilante ! Je vais seulement vous expliquer les différences fondamentales entre l'anglais et le français. Cela vous permettra de vous exprimer dans la langue de Skakespeare en un tour de main !

1 - 'the' et 'a'

En français, on met *le*, *la*, *l'*, *les*, *un* ou *une* avant un nom alors qu'en anglais il n'y a que **the** ou **a** pour exprimer tout cela !

Donc le travail, la banque et les enfants donneront : the work, the bank and the children. Alors qu'un an ou une maison donneront : a year or a house. Pas compliqué du tout !

2 - good : *bon et bonne*

En français, on dirait *bon* ou *bonne*, *beau* ou *belle*, selon ce que l'on décrit. En anglais un seul mot suffit pour qualifier tout ce qui est positif.
Pierre est bon – Chantal est bonne. Pierre is **good**. Chantal is **good**.
Et même quand les banques sont bonnes on dit : The banks are **good**.
Oxford est beau – La maison est belle - Les enfants sont beaux.
Oxford is **beautiful**. The house is **beautiful**. The children are **beautiful**.
Un seul mot anglais décrit plusieurs nuances en français.

3 - the bank, the banks : *la banque, les banques*

Lorsque vous faites allusion à plusieurs choses en anglais, il suffit d'ajouter un **s** : the house – the hous**es**, the telephone – the telephon**es**. Finalement, c'est presque comme en français. Il y a cependant une toute petite exception : the child (*l'enfant*), the children (*les enfants*).

4 - Faire plein de choses – Les verbes

Encore une bonne nouvelle pour vous : Les verbes avoir, aller et travailler que vous avez déjà vus dans le premier dialogue sont tous fort simples en anglais.

Commençons donc par le verbe travailler : *to work*. Jetez donc un coup d'oeil à la 'boîte-cadeau' ci-dessous et comparez les deux langues :

I work	Je travaille
you work	tu travailles, vous travaillez
he, she, it works	il, elle travaille
we work	nous travaillons
they work	ils, elles travaillent

Vous avez remarqué ? C'est **work** partout sans changement sauf pour il, elle ou ça – **he**, **she**, **it** où il faut juste ajouter un **s**.
Prenez par exemple **have** (*avoir*) et **go** (*aller*) : **he/she/it has** et **he/she/it goes**.

14 Voici maintenant deux 'boîtes-cadeaux' qui vont vous aider à mieux comprendre :

> I **have** – you **have** – we **have** – they **have**   mais : he, she, it **has**

> I **go** – you **go** – we **go** – they **go**   mais : he, she, it **goes**

5 - he, she, it : *il, elle*

Vous direz **he** ou **she** lorsque vous ferez allusion à des personnes. **He** s'il s'agit d'un homme et **she** s'il s'agit d'une femme. Pour tout le reste, utilisez le **it** qui est neutre.

Exemples : **Peter… He works. Julie… She works. The bank… It is in Paris.**

6 - you : *tu et vous*

Comme le tutoiement n'existe pas en anglais, on ne fait pas de distinction et on dit toujours : **you**.
Par conséquent, on dit aussi bien '**you, Charlie**' que '**you, Prime Minister**' !

7 - go – going

I am going to Manchester. **We are going on holiday**. Je vais à Manchester. Nous partons en vacances.
Vous utilisez cette construction qui peut paraître étrange au premier abord lorsque vous êtes en train de faire quelque chose en ce moment même. Vous en saurez plus sur "-ing" dans la Semaine 4. Une traduction littérale serait 'Je suis en route pour Manchester' ou 'j'ai l'intention d'aller à Manchester'.

8 - Poser des questions : Do you work?

Pour poser une question, vous devez utiliser **do** ou **does** (avec **he, she** ou **it**).

Vous avez une maison. **You have a house.** *Avez-vous une maison ?* **Do you have a house?** *Que faites-vous ?* **What do you do?**
Travaille-t-il ? **Does he work?** (Pas de s à la fin du verbe **work** !)
Il faut toujours mettre **do** (ou **does**) avant le pronom personnel lorsque vous demandez quelque chose : **Do I work? Does Kate work?**
Cependant, si vous oubliez de mettre le **do** et dites simplement : **Where work you?**, c'est un peu simplet mais personne ne vous en voudra car on comprendra ce que vous voulez dire.
Une toute petite exception : Pas besoin de mettre **do** pour poser des questions avec le verbe **être** : *to be*.
Exemple : **You are. Are you?** *Vous êtes. Êtes-vous ?* **It is. Is it?** *Il est. Est-il ?* Même construction qu'en français. Rien de plus facile !

💿 🎧 *PARLONS ANGLAIS !*

Si vous avez sous la main la cassette/le CD écoutez-le/la. Si vous ne l'avez pas, continuez la leçon. Je vais vous donner dix phrases que vous allez traduire en anglais. Après avoir traduit chaque phrase, jetez un coup d'oeil sur la réponse au bas de la page. Cochez-la si elle est correcte. Ne trichez pas ! Dites la réponse TOUT HAUT.

1   Mon nom est Durand.
2   Êtes-vous de Lyon ?
3   Oui, je suis de Lyon.
4   J'ai une amie à Nice.
5   Nous allons à Toulouse.
6   Avez-vous une Mercédès ?
7   Non, malheureusement.
8   Nous avons une maison à Calais.
9   Mon poste n'est pas intéressant.
10 J'ai besoin de beaucoup d'argent.

Alors, quels ont été vos résultats ? Si vous n'êtes pas très content de vos résultats, recommencez !

Je vais maintenant vous posez quelques questions en anglais et vous allez me répondre en anglais. Veuillez commencer chaque réponse par **yes** *et* **we**. *Dites toujours vos réponses À HAUTE VOIX.*

11 Are you American?
12 Do you have a house in London?
13 Are you going to the travel agency?

Et maintenant veuillez commencer toutes vos réponses par **I** *et dites moi en anglais que …*

14 … vous étiez à Paris en mai.
15 … vous travaillez chez Du Pont.
16 … vous avez deux ordinateurs.

1	My name is Durand.	9 My job is not interesting.
2	Are you from Lyon?	10 I need a lot of money.
3	Yes, I am from Lyon.	11 Yes, we are American.
4	I have a friend in Nice.	12 Yes, we have a house in London.
5	We are going to Toulouse.	13 Yes, we are going to the travel agency.
6	Do you have a Mercedes?	14 I was in Paris in May.
7	No, unfortunately not.	15 I work at Du Pont.
8	We have a house in Calais.	16 I have two computers.

Alors, quels ont été vos résultats cette fois-ci ? Si vous avez 16 sur 16, vous méritez trois étoiles en or !

❤ *APPRENEZ-LE PAR COEUR*

Ne sautez pas cet exercice même s'il vous rappelle l'école …

Si vous voulez parler sans hésitation, apprendre par coeur est la seule solution ! Remplissez les trous vides.

MY NAME IS ...

My name is .... (*nom*). **I am from** .... (*ville*).
I was in .... (*ville*) **in** .... (*mois*).
I work at .... (*nom de société*).
We have a beautiful house in .... (*ville*).
In July we are going to .... (*ville*).
It costs a lot of money.
Are you on holiday, too? No, unfortunately not.

Dites tout haut et le plus rapidement possible '**My name is**'. On parie que vous allez arriver à le dire en moins de 50 secondes ?

☑☒ *TESTEZ VOS PROGRÈS*

C'est votre seul exercice écrit. Facile, non ?

1   Bonsoir, nous sommes John et Julie.
2   Je suis de Liverpool. Vous aussi ?
3   J'étais à Cannes en juillet.
4   Mes parents ont une Rover.
5   Nous allons à Nice avec la société.
6   Travaillez-vous dans l'avion ?
7   Je n'ai pas un bon poste.
8   J'ai besoin d'une maison pour les vacances.
9   Que faites-vous ? (Des) ordinateurs ?
10 Un moment, s'il vous plaît, c'est mon téléphone.
11 Excusez-moi, êtes-vous Madame Cardin ?
12 Nous travaillons chez Renault. L'argent est bon.
13 Les vacances en Australie coûtent beaucoup.
14 Je vais toujours à Nice. Où allez-vous ?
15 Comment sont les amis de Floride ? Très intéressants.
16 Au revoir, nous allons maintenant à Toulon – malheureusement !

Les réponses et les explications pour calculer vos résultats sont à la page 60. Lorsque vous aurez calculé vos résultats, notez-les sur le graphique qui vous montre vos progrès à la page 6 ; vous vous surprendrez vous-même !

2 | GUIDE JOURNALIER

35 minutes – bien qu'un petit peu plus vous ferait faire de plus grands progrès !

Jour 1
- Lisez À CAMBRIDGE.
- Ecoutez/Lisez IN CAMBRIDGE.
- Ecoutez/Lisez les MOTS NOUVEAUX. Apprenez-en 20 faciles.

Jour 2
- Répétez IN CAMBRIDGE et les MOTS NOUVEAUX.
- Répétez PRONONCIATION – si cela vous semble utile.
- Relisez les MOTS NOUVEAUX les plus difficiles.
- Utilisez les fiches de MOTS FLASH pour vous aider.

Jour 3
- Apprenez tous les MOTS NOUVEAUX jusqu'à ce qu'ils vous soient vraiment familiers.
- Lisez et assimilez la GRAMMAIRE ULTRA-SIMPLIFIÉE.

Jour 4
- Découpez et apprenez les fiches de PHRASES FLASH.
- Ecoutez/Lisez APPRENEZ-LE PAR COEUR (page 24).

Jour 5
- Ecoutez/Lisez PARLONS ANGLAIS (page 23).
- Révisez APPRENEZ-LE PAR COEUR.

Jour 6
- Traduisez TESTEZ VOS PROGRÈS.

Jour 7 Vous êtes libre aujourd'hui !

🔊 À CAMBRIDGE

Pierre et Chantal sont actuellement à Cambridge.

Chantal Bonjour. Avez-vous une chambre pour deux pour une nuit et pas trop chère, s'il vous plaît ? Nous n'avons pas beaucoup d'argent.

Joan Oui, nous avons une petite chambre avec bain. La douche est en panne. Mais peut-être mon mari peut réparer la.

Pierre Où est la chambre ?

Joan Elle est ici, à gauche. Est-elle grande assez ?

Chantal La chambre est un peu petite mais pas mal. Combien est-ce ?

Joan Seulement vingt-cinq livres pour deux, mais pas carte de crédit, s'il vous plaît. Il y a anglais petit déjeuner de huit à neuf heures et demie.

Pierre D'accord ... nous prenons la chambre. Mais pouvons-nous avoir petit déjeuner à huit heures moins le quart ? Nous voudrions aller à Oxford demain à huit heures et quart.

Chantal Et une autre question : où pouvons-nous prendre thé ou café ? Il y a un café par ici ?

Joan Oui, il y a un café à cinq minutes d'ici. Ce n'est pas difficile : trente mètres à droite et ensuite tout droit.

(Au café)

Garçon Que désirez-vous, s'il vous plaît ? Quelque chose à boire ?

Chantal Nous voudrions un café-crème et un thé avec lait, s'il vous plaît.

Garçon Vous désirez quelque chose à manger ? Nous avons des gâteaux.

Pierre Deux, s'il vous plaît. Un avec fraîche crème et un sans.

Pierre Mon thé est froid.

Chantal Mais le café est superbe.

Pierre La table est trop petite.

Chantal Mais les toilettes sont très propres.

Pierre Mon gâteau n'est pas bon.

Chantal Mais le garçon est adorable.

Pierre L'addition, s'il vous plaît.

Garçon Cinq livres vingt-cinq, s'il vous plaît.

◑ ◐🌍 IN CAMBRIDGE

Pierre et Chantal sont actuellement à Cambridge.

Chantal Good afternoon. Do you have a double room for one night and not too expensive, please? We don't have a lot of money.

Joan Yes, we have a small room with bath. The shower is broken. But perhaps my husband can repair it.

Pierre Where is the room?

Joan It is here on the left. Is it big enough?

Chantal The room is a little small, but not bad. How much is it?

Joan Only twenty-five pounds for two, but no credit cards, please! There is English breakfast from eight to half past nine.

Pierre All right … we'll take the room. But can we have breakfast at a quarter to eight? We would like to go to Oxford tomorrow at a quarter past eight.

Chantal And another question: where can we have tea or coffee? Is there a café near here?

Joan Yes, there is a café five minutes from here. It is not difficult: thirty metres on the right and then straight on.

(In the café)

Waiter What would you like, please? Something to drink?

Chantal We would like one white coffee and one tea with milk, please.

Waiter Would you like something to eat? We have cakes.

Pierre Two please. One with cream and one without.

Pierre My tea is cold.

Chantal But the coffee is superb.

Pierre The table is too small.

Chantal But the toilets are very clean.

Pierre My cake is not good.

Chantal But the waiter is gorgeous.

Pierre The bill, please!

Chantal Five pounds twenty-five, please.

abcd... 🎧 MOTS NOUVEAUX

Un bon conseil : Il y a 18 mots sur les Fiches Flash. Faites donc vos propres fiches pour le reste – ou pour les mots les plus difficiles. De cette manière, vous les assimilerez plus rapidement et apprendre sera moins ennuyeux.

the room   *la chambre*

the double room   *la chambre double*

the night   *la nuit*

expensive   *cher, chère*

small   *petit(e)*

the bath   *le bain*

the shower   *la douche*

broken   *en panne, cassé*

the husband   *le mari*

perhaps, lit. **can be**   *peut-être*

can   *peut*

repair   *réparer*

it   *le, la / il, elle*

here   *ici, par ici*

on the left   *à gauche*

enough   *assez*

a little   *un peu*

not bad   *pas mal*

how much   *combien*

only   *seulement*

twenty-five   *vingt-cinq*

pounds   *livres sterling*

the credit card   *la carte de crédit*

the breakfast   *le petit déjeuner*

there is   *il y a*

from...to   *de ... à*

half past   *... et demie*

all right   *d'accord*

we take/we'll take   *nous prenons*

we can   *nous pouvons*

quarter to...   *... moins le quart*

we would like   *nous voudrions*

go   *aller*

tomorrow   *demain*

quarter past   *... et quart*

other   *autre*

the question   *la question*

the coffee   *le café (boisson)*

the café   *le café (bistrot)*

or   *ou*

the tea   *le thé*

near here   *par ici*

the minute   *la minute*

difficult   *difficile*

thirty   *trente*

on the right   *à droite*

then   *ensuite, puis, après*

straight on   *tout droit*

the waiter   *le garçon (de café)*

you would like   *vous désirez*

the white coffee   (lit. *le café blanc*) *le café crème, le café au lait*

with milk   *au lait*

something   *quelque chose*

eat   *manger*

cakes   *des gâteaux*

the cream   *la crème (fraîche)*

cold   *froid*

superb   *superbe*

the table   *la table*

too   *trop*

the toilets   *les toilettes*

clean   *propre*
gorgeous   *adorable*
the bill   *l'addition*

pounds   *livres (monnaie anglaise)*

TOTAL DES MOTS NOUVEAUX : 65
... il ne reste plus que 217 mots à acquérir !

Voici quelques extras faciles à assimiler

the numbers *(les chiffres)*

11 **eleven** 12 **twelve** 13 **thirteen** 14 **fourteen** 15 **fifteen**
16 **sixteen** 17 **seventeen** 18 **eighteen** 19 **nineteen**
20 **twenty** 21 **twenty-one** 22 **twenty-two**
30 **thirty** 40 **forty** 50 **fifty** 60 **sixty** 70 **seventy** 80 **eighty**
90 **ninety** 100 **one hundred**

the time *(l'heure)*

at what time?	*à quelle heure?*
at ... o'clock	*à ... heure/s*
a minute	*une minute*
an hour	*une heure*
a day	*un jour*
this morning	*ce matin*
this evening	*ce soir*
a week	*une semaine*
a month	*un mois*
a year	*un an*

GRAMMAIRE ULTRA SIMPLIFIÉE

1 - L'ordre des mots : repair it – how much is it? – big enough

Avez-vous remarqué, dans le dialogue, à quel point les Anglais compliquent les choses en s'exprimant dans un ordre différent du français ? Lorsque les Anglais font quelque chose, ils mettent toujours l'objet **derrière** le verbe :

Il la répare (la douche). Littéralement : *Il répare la.* **He repairs it**. *Il peut réparer la.* **He can repair it**.

Enough *(assez)* est toujours placé **après** un adjectif : **big enough**, **good enough** *(assez grand, assez bon)*.

C'est combien ? Retournez l'ordre des mots comme une crêpe, cela donnera

Combien est-ce ? **How much is it?** Voilà, le tour est joué.

En fait, vous allez assimiler l'ordre des mots anglais au fur et à mesure que vous allez vous familiariser avec la langue. Ne vous inquiétez pas, même si vous baragouinez. Pas de problème. Cela fera sourire, rien de grave !

2 - Half past – quarter past – quarter to

Lorsque les Anglais donnent l'heure, ils disent en fait :

half past pour *et demie* (littéralement : *une demie après*)
quarter past pour *et quart* (littéralement : *un quart après*)
quarter to pour *moins le quart* (littéralement : *un quart jusqu'à*)

Consacrez cinq minutes à vous familiariser avec ces notions.

3 - prendre : 'take' ou 'have' ?

Les Anglais adorent le mot **have** et l'utilisent souvent quand ils veulent dire *prendre*. Ils ont (consommé) du thé et ils ont des *fish and chips* (plat typique : du poisson avec des frites). Mais si vous dites take (*prendre* dans le sens de *saisir*) du café ou le petit-déjeuner, cela passera bien, ne vous en faites pas !

4 - Comment poser des questions : Can I? Would you like?

Rappelez-vous, dans la Semaine 1, vous avez appris à ajouter le suffixe **do** ou **does** (équivalent de notre *Est-ce que ?*) qui sert à poser une question : **Do you work? Does he have a computer?** (*Est-ce qu'il travaille ? Est-ce qu'il a un ordinateur ?*)

Certains verbes n'ont pas besoin qu'on leur ajoute **do** ou **does**. Ils se comportent pratiquement comme des verbes français.

To be en fait partie. Cela vous dit quelque chose ? **You are – are you?**

Can *pouvoir* et **would like** *vouloir* en sont deux autres.

Can I have tea? Would you like coffee? En fait ce n'est pas si compliqué !

5 - La simplification extrême de la langue anglaise : is not – please

On a besoin de bien moins de mots anglais pour dire la même chose qu'en français.

Par exemple : *n'est pas*. Les anglais disent seulement *est pas* : **is not** et *s'il vous plaît* – quatre mots – en un seul : **please**.

Une langue qui simplifie tout, c'est facile, non ?

☎ 🎧 PARLONS ANGLAIS !

Si vous avez la cassette/le CD, fermez le livre et écoutez-le/la.
*Voici 10 phrases que vous devez dire **en anglais** – À HAUTE VOIX !*

1 Vous avez une chambre pour deux ?
2 Nous la prenons.
3 C'est à quelle heure le petit déjeuner ?
4 Le téléphone est en panne.
5 Peut-il le réparer ?
6 Nous voudrions manger quelque chose.
7 Où est le café, à gauche ou à droite ?
8 C'est combien ?
9 Avez-vous l'addition, s'il vous plaît ?
10 Je travaille de neuf heures à six heures et demie.

*Maintenant, répondez aux questions. Utilisez **yes**, chaque fois.*

11 Is the Peugeot expensive?
12 Is there a telephone near here?
13 Is the table big enough?
14 Would you like a coffee?

*Maintenant répondez à ces questions en utilisant **no** et **we**.*

15 Do you have a credit card?
16 Do you have another question?
17 Would you like to go to London?
18 Can you work in England?

Maintenant concoctez vos propres réponses. Les vôtres peuvent être parfaitement correctes même si elles sont différentes des miennes.

19 Where are you going?
20 At what time would you like to eat?

---

1 Do you have a double room?
2 We'll take it.
3 At what time is breakfast?
4 The telephone is broken.
5 Can he repair it?
6 We would like to eat something.
7 Where is the café, on the left or on the right?
8 How much is it?
9 Do you have the bill, please?
10 I work from nine o'clock until half past six.

11 Yes, the Peugeot is expensive.
12 Yes, there is a telephone near here.
13 Yes, the table is big enough.
14 Yes, I would like a coffee.
15 No, we do not have a credit card.
16 No, we do not have another question.
17 No, we would not like to go to London.
18 No, we cannot work in England.
19 I am going to the bank.
20 I would like to eat at half past eight.

Alors, avez-vous une fois de plus 20 sur 20 et méritez-vous une triple étoile en or en guise de galons ? Même si cet exercice vous a paru un peu difficile la première fois, refaites-le plusieurs fois jusqu'à ce que vous ayez 16 sur 20.

❤ 🎧 APPRENEZ-LE PAR COEUR

A nouveau, il va vous falloir apprendre par coeur les sept lignes qui suivent. Remplissez les trous vides dans le texte par **my husband, my wife, my boyfriend** ou **my girlfriend.** Dites-le en 50 secondes.

I don't have a lot of money but ...

I don't have a lot of money but
I would like to go on holiday for a week in May.
I would like to go to England with…
We can go in the Renault through the Channel Tunnel*
It is not very expensive, and England is beautiful in May.
Can we do that? No!
I have too much work and the Renault has broken down**.

---

*Channel Tunnel: Le tunnel sous La Manche **broken down: en panne

☑☒ TESTEZ VOS PROGRÈS

Traduisez en anglais par écrit :

1 Nous voudrions prendre un café.
2 Il y a une banque par ici ?
3 Nous allons manger quelque chose.
4 Vous avez l'addition pour le thé, s'il vous plaît ?
5 Mes enfants n'ont pas assez d'argent.
6 À quelle heure sommes-nous à Cambridge ?
7 Ils vont toujours au café à six heures et demie.
8 Excusez-moi, s'il vous plaît : où sont les toilettes, tout droit ?
9 Vous allez à Oslo en janvier ?
10 Elle va à Los Angeles avec son mari.
11 Le petit déjeuner est superbe. C'est combien ?
12 Où êtes-vous demain à dix heures et demie ?
13 Il n'y a pas un poste sans ordinateur.
14 Je vais à la banque et ensuite en vacances.
15 Excusez-moi, nous avons seulement une carte de crédit.
16 D'accord, nous prenons la Renault pour deux jours.
17 Nous allons réparer la Citroën. Quelque chose est en panne.
18 Je travaille (pour) 12 heures. Nous avons besoin d'argent.
19 Deux livres pour un thé froid. C'est trop !
20 Il y a trois cents cafés par ici, un à deux minutes d'ici.

Allez maintenant à la page 61 et ensuite au Tableur de Progrès.

3 GUIDE JOURNALIER

Consacrez 35 minutes par jour à étudier – mais si vous étudiez plus, je ne vais pas vous punir !

Jour 1

- Lisez NOUS ALLONS FAIRE LES COURSES.
- Ecoutez/Lisez WE ARE GOING SHOPPING.
- Ecoutez/Lisez les MOTS NOUVEAUX.
  Et puis apprenez-en quelques-uns.

Jour 2

- Répétez le dialogue et les MOTS NOUVEAUX.
- Apprenez tous les MOTS NOUVEAUX.
- Utilisez les fiches de MOTS FLASH !

Jour 3

- Faites le test portant sur tous les MOTS NOUVEAUX.
  Pas très passionnant, mais vous avez déjà fait la moitié du chemin !
- Jetez un coup d'œil sur APPRENEZ-LE PAR COEUR.
- Assimilez la GRAMMAIRE ULTRA-SIMPLIFIÉE.

Jour 4

- Découpez et apprenez les fiches de PHRASES FLASH.
- Assimilez APPRENEZ-LE PAR COEUR.

Jour 5

- Ecoutez/Lisez PARLONS ANGLAIS.
- Ecoutez/Lisez REPÉREZ LES MOTS-CLÉS.

Jour 6

- Jetez un rapide coup d'œil sur les MOTS NOUVEAUX des Semaines 1 à 3.
- Vous avez appris 219 mots jusqu'à présent ! ... enfin, grosso modo.
- Traduisez TESTEZ VOS PROGRÈS.

Jour 7 Profitez bien de votre jour libre !

⟨⟩ NOUS ALLONS FAIRE LES COURSES

Pierre et Chantal ont loué un appartement à Birmingham.

Chantal Nous devons faire des courses aujourd'hui. Nous irons avec le bus au centre ville.

Pierre Mais je n'aime pas faire les courses et le temps est mauvais. Il est froid et il y a beaucoup de sport sur télé … golf à une heure et demie.

Chantal Je suis désolée mais d'abord nous devons aller à un distributeur à la banque et à la poste pour timbres et après, à la pharmacie et au pressing.

Pierre Alors, pas de golf … peut-être du football à trois heures moins le quart. C'est tout ?

Chantal Non, après nous devons aller à un grand magasin et acheter une nouvelle valise et je dois aller au supermarché et au coiffeur. Et je voudrais acheter des chaussures.

Pierre Mon Dieu ! Jusqu'à quelle heure les magasins sont ouverts ?

Chantal Je crois, jusqu'à six heures et demie.

Pierre Alors, pas de football … peut-être du tennis plus tard.

(Plus tard)

Chantal Je crois que j'ai acheté trop : 200 grammes de jambon, un morceau de fromage, demi kilo de pommes, un kilo de pommes de terre, huit côtelettes d'agneau, pain, demi kilo de beurre, oeufs, sucre, six bouteilles de bière et une bouteille de rouge vin.

Pierre Cest bien. Pas de problème. C'est assez pour demain. Nous n'avons pas mangé beaucoup hier. Et qu'est-ce que c'est dans le grand sac ? Quelque chose pour moi ?

Chantal Bon … je suis allé à Safeway et au coiffeur et ensuite j'ai vu des chaussures dans un magasin, exactement ma taille. Je crois qu' elles sont superbes, bleu avec blanc. Le vendeur était très sympathique et beau comme Tom Cruise.

Pierre Qui est Tom Cruise ? Et combien étaient les chaussures ?

Chantal Elles étaient un peu chères ... mais le même prix qu'en France ... cent dix-neuf livres.

Pierre Quoi ! C'est fou !

Chantal Mais ce tee-shirt pour golf était très bon marché, taille 44, seulement sept livres cinquante, et voilà un français journal … et il y a du tennis maintenant à la télé !

WE ARE GOING SHOPPING

Pierre et Chantal ont loué un appartement à Birmingham.

Chantal We must go shopping today. We'll go with the bus to the city centre.

Pierre But I do not like shopping and the weather is bad. It is cold, and there is a lot of sport on television … golf at half past twelve.

Chantal I am sorry, but first we must go to a cash dispenser and to the post office for stamps, and then to the chemist's and to the dry cleaner's.

Pierre So, no golf…perhaps football at a quarter to three. Is that all?

Chantal No, then we must go to a department store and buy a new suitcase, and I must go to the supermarket and to the hairdresser's. And I would like to buy some shoes.

Pierre Oh dear! Until when are the shops open?

Chantal I think until half past six.

Pierre Ah well, no football … perhaps tennis later.

(*Later*)

Chantal I think I have bought too much. 200 grams of ham, a piece of cheese, half a kilo of apples, a kilo of potatoes, eight lamb chops, bread, half a kilo of butter, eggs, sugar, six bottles of beer and a bottle of red wine.

Pierre That's all right. No problem. It's enough for tomorrow. We did not eat much yesterday. And what is in the big bag? Something for me?

Chantal Well…I went to Safeway and the hairdresser's, and then I saw some shoes in a shop, exactly my size. I think they are great, blue with white. The sales assistant was very nice and handsome like Tom Cruise.

Pierre Who is Tom Cruise? And how much were the shoes?

Chantal They were a little expensive. But the same price as in France … one hundred and nineteen pounds.

Pierre What! That is crazy!

Chantal But this T-shirt for golf was very cheap, size forty-four, only seven pounds fifty, and here is a French newspaper and … there is tennis now on TV!

abcd... MOTS NOUVEAUX

go shopping   *aller faire les courses*

we must   *nous devons*

today   *aujourd'hui*

the bus   *le bus*

the city centre   *le centre ville*

the weather   *le temps*

bad   *mauvais(e)*

it is cold   *il fait froid* (lit. *il est froid*)

the TV/television   *la télé(vision)*

I am sorry   *je suis désolé(e)*

first   *d'abord*

the cash dispenser   *le distributeur automatique*

the post office   *la poste*

the stamps   *les timbres*

the chemist   *la pharmacie*

the dry cleaner's   *le pressing*

so, then, well...   *alors ...*

all   *tout(e)*

the department store   *le grand magasin*

buy   *acheter*

new   *nouveau, nouvelle*

the suitcase   *la valise*

I must   *je dois*

the supermarket   *le supermarché*

the hairdresser   *le coiffeur*

some shoes   *des chaussures*

Oh dear!   *Mon Dieu !*

until   *jusqu'à*

when   *quand, à quelle heure*

the shop   *le magasin*

open   *ouvert(e)*

I think   *je crois*

ah well...   *ah bon ...*

later   *plus tard*

I have bought, I bought   *j'ai acheté*

too much   *trop*

the ham   *le jambon*

a piece   *un morceau*

a pound   *un livre (454 g)*

apples   *des pommes*

potatoes   *des pommes de terre*

lamb chops   *côtelettes d'agneau*

the bread   *le pain*

half a kilo   *un demi-kilo*

the butter   *le beurre*

the eggs   *les oeufs*

the sugar   *le sucre*

the bottle   *la bouteille*

the beer   *la bière*

red wine   *vin rouge*

that's all right   *ça va, c'est bien*

no problem   *pas de problème*

we did not eat   *nous n'avons pas mangé*

yesterday   *hier*

the bag   *le sac*

me   *moi*

Safeway   *une chaîne de supermarchés très connue*

I saw, I have seen   *j'ai vu*

exactly   *exactement*

my size   *ma taille*

great   *superbe*

blue   *bleu(e)*

white   *blanc, blanche*

the sales assistant   *le vendeur/la vendeuse*

he was, they were *il était, ils étaient*
nice *sympathique, bien comme il faut*
like *comme*
who *qui*
the same…as *le, la même … que*

the price *le prix*
crazy *fou, folle*
this *ce, cette*
cheap *bon marché*
the newspaper *le journal*

> **TOTAL DES MOTS NOUVEAUX : 74**
> *… il ne reste plus que 143 mots à acquérir !*

Quelques extras faciles

the colours (les couleurs)

white	*blanc, blanche*	**pink**	*rose*
black	*noir, noire*	**brown**	*brun, brune ; marron*
red	*rouge*	**grey**	*gris, grise*
blue	*bleu, bleue*	**orange**	*orange*
green	*vert, verte*	**yellow**	*jaune*

APPRENEZ-LE PAR COEUR

Lisez à haute voix ces quelques lignes d'un trait, en moins d'une minute.

We must go shopping today

We must go shopping today – no problem
But where is a bus stop for the shopping centre?
Oh dear, I don't have enough money.
I'm sorry, but we must go to a cash dispenser first.
We bought a lot at the supermarket.
Bread, butter, ham and cheese and two bottles of wine.
It was expensive, eighteen pounds fifty,
but the sales assistant was very nice.

Un bon conseil :
Mettez un peu de vie dans le ton ; imaginez que c'est du Shakespeare.
Cela vous aidera sûrement à vous en rappeler !

GRAMMAIRE ULTRA SIMPLIFIÉE

1 - We'll buy : *Le futur*

Lorsque vous voyez un double l après une apostrophe – 'll –, vous savez que quelque chose est sur le point d'arriver dans un futur immédiat. Cela peut vouloir dire dans cinq minutes, demain ou dans une semaine. 'll est une abbréviation de **shall** ou **will** qui sont les mots faisant partie du verbe qui décrivent une action qui va se produire dans l'avenir :

I'll buy a Peugeot tomorrow. **He'll go to Paris in May**. Ce n'est pas compliqué du tout !

2 - I bought – I have bought : *Le passé*

Il y a deux sortes de passé en anglais : un passé portant sur une action qui a eu lieu et est terminée une fois pour toutes – hier ou il y a 20 ans – et un autre passé qui est tout proche du présent car il vient *tout juste* de se produire.

Imaginez que vous avez une vieille Peugeot toute rouillée. Vous direz '**I** *bought* **my Peugeot in 1965**', cependant le jour où vous la remplacerez, vous direz '**I have (***just***) bought a new Peugeot today**'. Révisez le dialogue et vous allez comprendre la différence entre **I went to Safeway** et **I have bought too much**. Vous avez *juste* terminé vos courses en général – vous portez encore les sacs – alors que vous êtes sorti de chez Safeway en particulier il y pas déjà mal de temps, vous vous rendez compte que vous avez acheté trop de choses.

3 - We did not eat much yesterday – *Nous n'avons pas mangé beaucoup hier*

Si nous utilisons la forme négative au **Passé** – pour des actions qui sont arrivées avant – le **do** ou **does** devient **did** : **He did not go to London**. *Il n'est pas allé à Londres*. **We did not eat much yesterday**. Pas de problème !

4 - I don't have much money : *Je n'ai pas beaucoup d'argent*

En français on dit : *J'ai beaucoup d'argent*, ou le contraire, *je n'ai pas beaucoup d'argent*. Les Anglais le disent différemment : **I have a lot of money**, ou par contre : **I do not have a lot of money**.

Ceci s'applique à tout : **I do not eat, we do not have, you do not work.**

Don't est tout simplement une contraction de **do not** et le **o** se met à flotter sous forme d'une apostrophe après le **n**.

Lorsque nous parlons *de lui, d'elle, de ça* – **he, she, it** –, le **do** devient **does** : **He does not drink. She does not work. It does not go.**

◐ 🎧 *PARLONS ANGLAIS !*

Voici l'illustration de la différence entre les deux sortes de passé :
*nous disons quelque chose qui vient **juste** de se produire et vous*
*répétez la phrase comme si cela avait eu lieu **hier**.*

*Commencez votre phrase par **yesterday**. En voici un exemple :*

Nous disons : I have **just** gone to Safeway.

Et vous dites : **Yesterday** I went to Safeway.

Allez-y :

1   You have just bought some bread.
2   We have just seen Mrs Clark.
3   He has just eaten the cheese.
4   She has just done that.
5   They have just gone to the bank.

Et maintenant nous allons pratiquer la forme 'ing' souvent équiva-
lente à 'ant' en français. Modifiez les phrases suivantes comme si
vous décriviez quelque chose qui est en train de se produire.

6   We go to the shops.
7   She buys some apples.
8   I eat a ham sandwich.
9   You repair the suitcase.
10 He does a lot of work.

Maintenant répondez en anglais aux questions 11 et 12 en utilisant
***we** et **yes** et pour le reste des questions en utilisant **we** et **no**.*

11 Do you have the shoes in size 38?
12 Did you buy the beer for me?
13 Did you see my wife?
14 Did you go at nine o'clock?

Et maintenant, répondez en utilisant le mot entre parenthèses.

15 What did you buy – a piece of cheese or some ham? (cheese)
16 Who has seen Tom? (I)
17 Until when are the shops open? (eight o'clock)
18 How much coffee would you like, a quarter or half a kilo? (half)

---

1 Yesterday you bought some bread.	10 He is doing a lot of work.
2 Yesterday we saw Mrs Clarke.	11 Yes, we have the shoes in size 38.
3 Yesterday he ate the cheese.	12 Yes, we bought the beer for you.
4 Yesterday she did that.	13 No, we didn't see your wife.
5 Yesterday they went to the bank.	14 No, we didn't go at nine o'clock.
6 We are going to the shops.	15 I – or we – bought a piece of cheese.
7 She is buying some apples.	16 I have seen Tom *ou* him.
8 I am eating a ham sandwich.	17 The shops are open until 8 o'clock.
9 You are repairing the suitcase.	18 I/We would like half a kilo of coffee.

🔊 REPÉREZ LES MOTS-CLÉS

Maintenant vous êtes capable de dire pas mal de choses en anglais. Mais que se passe-t-il si quelqu'un répond à votre question et que vous ne comprenez pas la réponse ? S'il vous semble que la réponse vous a été donnée par une mitrailleuse – pas de panique. Essayez seulement de saisir les mots que vous connaissez – les mots-clés. Cela vous aidera à comprendre le sens de la réponse.

Un exemple : Vous demandez à quelqu'un où se trouve la poste.

Si vous avez la cassette/le CD, fermez le livre.

VOUS : 'Excuse me, please. Where is the post office?'

LA RÉPONSE : *"Welletmethink, that'squitestraightforward, actually.* **First straight on to** *thetrafficlights at thenextcrossing,* **there at the big red house. Then on the left there is** *an oldpeople's home* **and some shops. And** *almostdiagonallybehind* **the bank you'll see the** *entrance* **to the post office."**

Bien qu'il y ait une série de mots qui sont assez difficiles à capter, j'ai bien l'impression que vous aller trouver la poste !

☑✗ TESTEZ VOS PROGRÈS

Traduisez par écrit et ensuite vérifiez vos réponses. Vous allez être surpris. Vous vous rappelez du Tableur de Progrès ? Vous avez déjà parcouru la moitié du chemin !

1 Vous avez vu un vendeur ?
2 À quelle heure devez-vous aller au coiffeur aujourd'hui ?
3 Qui a vu Pierre hier à (la)télé ?
4 Je crois (que) les magasins sont ouverts maintenant.
5 Excusez-moi, je dois aller à la poste. Vous aussi ?
6 Où avez-vous acheté le journal français ?
7 Quoi ? C'est tout ? C'était très bon marché.
8 Un timbre pour la France, c'est combien ?
9 J'ai une carte de crédit : Il y a un distributeur ?
10 Nous devons aller au pressing. C'est bien, pas de problème.
11 Vous avez un sac pour mes chaussures noires, s'il vous plaît ?
12 Je crois que j'ai vu une pharmacie par ici.
13 Taille quarante française – c'est quoi en Angleterre ?
14 Vous avez travaillé jusqu'à cinq heures ou plus tard ?
15 Je suis désolé, nous avons mangé tout le jambon.
16 Nous avons tout acheté : (de la) bière, (du) vin et (du) fromage.

4 GUIDE JOURNALIER

Étudiez 35 minutes par jour, mais si vous bouillez d'enthousiasme, consacrez-y 40… et même 45 minutes… !

Jour 1
- Lisez NOUS ALLONS DÎNER.
- Ecoutez/Lisez WE ARE GOING OUT TO EAT.
- Ecoutez/Lisez les MOTS NOUVEAUX.
  Apprenez ceux qui sont les plus faciles.

Jour 2
- Répétez le dialogue. Apprenez les MOTS NOUVEAUX qui sont les plus difficiles.
- Découpez les fiches de MOTS FLASH en guise d'aide-mémoire.

Jour 3
- Apprenez tous les MOTS NOUVEAUX jusqu'à ce que vous les ayez parfaitement assimilés.
- Attaquez/Assimilez la GRAMMAIRE ULTRA-SIMPLIFIÉE.

Jour 4
- Découpez et apprenez les fiches de PHRASES FLASH.
- Attaquez APPRENEZ-LE PAR COEUR.

Jour 5
- Ecoutez/Lisez PARLONS ANGLAIS (page 40).
- Lisez TOUT SIMPLEMENT (page 41).

Jour 6
- Ecoutez/Lisez REPÉREZ LES MOTS-CLÉS (page 39).
- Traduisez TESTEZ VOS PROGRÈS.

Jour 7
Vos résultats dépassent-ils toujours les 60% ? Si c'est vraiment exact … **je vous donne un jour de libre !**

∞ NOUS ALLONS DÎNER

Pierre et Chantal sont toujours à Birmingham. Un certain Mr Taylor les invite à dîner.

Chantal Pierre, quelqu'un a téléphoné. Il n'a pas dit pourquoi. Le numéro est sur un bout de papier. Un certain Monsieur Taylor de Newcastle.

Pierre Ah oui, John Taylor ! Un très bon client du bureau. Je le connais bien. Il est très sympathique. J'ai rendez-vous avec lui jeudi. C'est quelque chose de très important. (*Au téléphone*) Allô ! Bonjour, Mister Taylor. Ici Pierre, Pierre Durand. Ça va ? Oui, merci ... Oui, bien sûr, c'est possible ... la semaine prochaine ... bien sûr ... oui, très intéressant ... non, nous avons le temps ... superbe ... non, seulement quelques jours, ah oui ! ... quand ? ... à huit heures ... en haut, à la sortie ... devant la porte. Alors, à mardi. Merci beaucoup, au revoir.

Chantal Que faisons-nous mardi ?

Pierre Nous allons dîner avec Mr Taylor. Dans le centre, derrière l'église. Il dit que le restaurant est nouveau et très bon. Mr Taylor va être à Birmingham deux jours avec Edith et Jacques Ferrent du bureau.

Chantal Je connais Edith Palmer. Je ne l'aime pas. Elle croit toujours tout savoir. Elle a un chien horrible ! Je crois que je vais être malade mardi. Une grippe avec des maux de tête. Où est le numéro du médecin ... ?

Pierre Non, ce n'est pas possible ! Mr Taylor est un client très important. Tu ne peux pas faire ça.

(Au restaurant)

Garçon Le poisson du jour c'est du saumon grillé et le dessert c'est du bread and butter pudding avec de la glace ou de la crème fraîche.

John Chantal, puis-je vous aider ? Peut-être un potage et ensuite un poisson ou une viande ?

Chantal Je voudrais le steak avec de la salade, s'il vous plaît.

Edith Trop de viande, ce n'est pas bon pour vous, Chantal.

John Et pour vous, Pierre ? Puis-je vous donner le menu ? Et que désirez-vous boire ? Du vin ?

⊷➡ Page 36

WE ARE GOING OUT TO EAT

Pierre et Chantal sont toujours à Birmingham. Un certain Mr Taylor les invite à dîner.

Chantal   Someone phoned. He did not say why. The number is on a piece of paper. A Mr Taylor from Newcastle.

Pierre   Ah yes, John Taylor, a very good client of the company. I know him well. He is very nice. I have an appointment with him on Thursday. It is something very important. (*On the telephone*) Hello? Good afternoon Mr Taylor. This is Pierre, Pierre Durand. How are you? Yes thank you ... Yes, sure, that is possible ... next week ... of course...yes, very interesting ... no we have time ... wonderful... no, only a few days ... I see! ... when? ... at eight o'clock ... upstairs, at the exit ... in front of the door. Well, until Tuesday. Thank you very much, goodbye.

Chantal   What are we going to do on Tuesday?

Pierre   We are going to have dinner with Mr Taylor. In the centre, behind the church. He says the restaurant is new and very good. Mr Taylor is going to be in Birmingham for two days with Edith and Jacques Ferrent from the office.

Chantal   I know Edith Ferrent. I don't like her. She thinks she always knows everything. She has a horrible dog. I think I am going to be ill on Tuesday. 'Flu' with a headache. Where is the number of the doctor...?

Pierre   No, that's not possible. Mr Taylor is an important client. You can't do that.

(*At the restaurant*)

Waiter   The fish of the day is grilled salmon, and the dessert is bread and butter pudding with ice-cream or cream.

John   Chantal, can I help you? Perhaps soup and then fish or meat?

Chantal   I would like the steak with salad, please.

Edith   Too much meat is not good for you, Chantal.

John   And for you, Pierre? Can I give you the menu? And what would you like to drink? Wine?

⟶ Page 37

Pierre Je préfère une bière et ensuite le rôti d'agneau avec des pommes de terre et des légumes, s'il vous plaît.

Edith Pierre, les légumes sont au beurre. Je n'aime pas cela.

John Et vous, Edith ?

Edith Un peu de poulet grillé et un verre d'eau, s'il vous plaît.

(Plus tard)

John Tout le monde a terminé ? Qui voudrait un dessert, des fruits, du fromage, du café ? Non, rien ? Personne ? Il est tard. Alors l'addition s'il vous plaît.

Edith Ah, Mr Taylor vous pouvez m'aider, s'il vous plaît ? Je voudrais un sac avec un peu de viande pour mon chien. Comment dit-on ça en anglais ?

Chantal Mais Edith, le chien est en France !

abcd... MOTS NOUVEAUX

eat, have dinner *manger, dîner*
someone *quelqu'un*
telephoned *a téléphoné*
he said *il a dit*
he did not say *il n'a pas dit*
why *pourquoi*
the number *le numéro*
on *sur*
the piece of paper *le bout de papier*
a client *un client*
the company, office *le bureau*
him *le, lui*
I know *je connais*
well *bien*
the appointment *le rendez-vous*
Thursday *jeudi*
important *important(e)*
how are you? *ça va ?*
sure, of course *bien sûr*
possible *possible*
next *prochain(e)*
we have time *nous avons le temps*

I see! *(expression)* *ah oui !*
a few days *quelques jours*
upstairs *en haut*
the exit *la sortie*
in front of *devant*
the door *la porte*
Tuesday *mardi*
thank you *merci*
thank you very much *merci beaucoup*
we are going to do *nous allons faire*
behind *derrière*
the church *l'église*
he says *il dit*
I like, love *j'aime, j'adore*
she knows everything *elle sait tout*
a dog *un chien*
horrible *horrible*
ill *malade*
the 'flu' *la grippe*
the headache *les maux de tête*

Pierre I prefer a beer, and then the roast lamb with potatoes and vegetables, please.

Edith Pierre, the vegetables are in butter. I don't like that.

John And you, Edith?

Edith A little grilled chicken, and a glass of water, please.

(Later)

John Has everyone finished? Who would like a dessert, fruit, cheese? coffee? No, nothing? Nobody? It is late. Well … the bill please.

Edith Oh, Mr Taylor, can you help me please? I would like a bag with a little meat for my dog. How does one say that in English?

Chantal But Edith, the dog is in France!

the doctor *le médecin*
the salmon *le saumon*
grilled *grillé*
the dessert *le dessert*
the bread and butter pudding
  pudding à base de pain
  et de beurre (dessert anglais
  traditionnel)
the chicken *le poulet*
a glass *un verre*
the water *l'eau*

everyone *tout le monde, chacun*
finished *terminé(e)*
the fruit *les fruits*
nothing *rien*
nobody *personne*
can you help me? *vous pouvez*
  m'aider ?
one (like: **How does one**
  say…?) *on*
in English *en anglais*

TOTAL DES MOTS NOUVEAUX : 58
... il ne reste plus que 85 mots à acquérir !

Et voici les derniers extras faciles

the days of the week *(les jours de la semaine)*

Monday	*lundi*	Friday	*vendredi*
Tuesday	*mardi*	Saturday	*samedi*
Wednesday	*mercredi*	Sunday	*dimanche*
Thursday	*jeudi*		

◉ *GRAMMAIRE ULTRA SIMPLIFIÉE*

1 - *Nous allons dîner :* We'll eat – We are going to eat

Dans la Semaine 2 vous apprendrez à utiliser **'ll** or **will** pour exprimer une action qui aura lieu dans l'avenir : **I'll buy new shoes tomorrow. He'll work in Paris in June.**

Une autre manière de décrire ces actions futures est d'utiliser **go** ou **going** – comme 'aller' en français :

Tomorrow I am going to buy new shoes. Demain je vais acheter des chaussures neuves. **He is going to work in Paris in June**. Il va travailler à Paris en juin. **We are going to eat.** Nous allons dîner. **What are you going to do on Tuesday?** Qu'allez-vous faire mardi ?

N'oubliez surtout pas de mettre le **'to'** entre **'going'** et ce que vous allez faire : **going to do!**

2 - I would like : *je désire, je voudrais*

Vous allez utiliser **would like** et **would not like** tous les jours. Vous verrez, ce n'est rien de bien compliqué !
- Je voudrais le steak, il voudrait une Mercédès. **I would like the steak, he would like a Mercedes.** Il n'y a pas de **s** à la fin du mot **would** lorsqu'il est employé avec **he, she** or **it.**
- Elle ne voudrait pas de poisson. **She would not like the fish.**
Pas besoin d'ajouter **'do'** pour exprimer la négation **'not'**
- Que désirez-vous boire ? **What would you like to drink?**
Pas besoin d'ajouter **'do'** pour poser des questions.

Would like ou **Would not like**. Ne vous en faites pas, c'est une des toutes dernières choses que vous aurez à apprendre !

3 - *Pour vous rafraîchir la mémoire : Je le connais bien.* I know him well.

Jusqu'à présent, vous vous êtes familiarisé avec des tas de mots très courts et des pronoms, tels que
me, you, him, her, it, us, them etc.
Rappelez-vous toujours qu'il faut les placer *après* le verbe.
Je l'aime. **I like** *him*. Je ne l'aime pas. **I do not like** *her* ou *him*. Vous pouvez m'aider ? **Can you help** *me*?

❤️ 🔊 APPRENEZ-LE PAR COEUR

Faites comme si c'était un appel téléphonique de quelqu'un de vraiment très têtu. Quand vous l'aurez appris par coeur, essayez de le dire
tout haut en moins de 50 secondes.

Would you like to have dinner with me?

Would you like to have dinner with me?
On Friday evening?
I know a very nice restaurant.
They have a good menu and the wine is not expensive.
No? Why not? I am very interesting.
You don't know me?
You can see me on television. I do the weather.
You can't? Why not?
You have an important appointment?
That's not possible!!

🔊 🔊 REPÉREZ LES MOTS-CLÉS

*La semaine dernière, vous vouliez aller à la poste. Vous avez
demandé le chemin à quelqu'un. Cette fois-ci vous êtes dans un
grand magasin et vous demandez à la vendeuse si elle a les chaussures noires qui vous plaisent en pointure 39.*

Vous pourriez par exemple dire :

"Excuse me, do you have these shoes in size 39?"

La vendeuse vous répondra alors :

"I am not sure – one moment please" et ira les chercher dans
l'arrière-boutique. Lorsqu'elle reviendra, elle vous dira alors :

LA RÉPONSE : *Well, Ihadathoroughsearch andevenphoned themain
branch but it seemsyouare outofluck.* **In size 39
they are only** *available* **in blue. But I know
that this** *particularmake* **is always very big, and
I am sure that size 38** *mightjust* **be big enough.**

*Vous avez sûrement compris qu'il ne lui reste que du 39 en bleu mais
que la vendeuse pense que le 38 pourrait vous convenir.*

⚫ 🎧 PARLONS ANGLAIS !

Voici 10 phrases à traduire. Une fois que ce sera fait, on passera aux choses sérieuses ! N'oubliez surtout pas de cacher les réponses qui figurent au bas de la page ou alors, écoutez la cassette/le CD. Dites en anglais :

1   Qui a téléphoné et pourquoi ?
2   Il dit que je le connais.
3   Je crois que nous avons le temps plus tard.
4   Je n'aime pas le poulet.
5   Elle va prendre un verre de vin.
6   Oui, bien sûr, j'ai un rendez-vous avec vous.
7   Tout le monde est en vacances.
8   Il dit que c'est possible.
9   Je peux travailler la semaine prochaine.
10   Vous avez le numéro ?

Ensuite faites comme si vous étiez chez des amis en Angleterre qui ne parlent pas un seul mot d'anglais. Ils vous demandent de poser des questions à des gens en anglais. Par exemple : Veuillez lui demander …

11   s'il peut aider le client
12   s'il a téléphoné hier
13   pourquoi il a acheté la Ferrari
14   s'il a un rendez-vous aujourd'hui
15   où on peut acheter un journal

*Un autre jour, vos amis vous demandent de **dire** des choses à des tierces personnes. Au cas où il y aurait certains mots qui vous seraient absolument inconnus, utilisez vos mots **instantanés**.*

S'ils vous disent, par exemple : Dites lui, s'il vous plaît …

16   que la soupe est tiède
17   que je suis végétarien
18   que nous sommes malheureusement pressés
19   que nous n'avons pas son numéro
20   que la semaine prochaine nous convient

---

1   Who has telephoned and why?
2   He says that I know him.
3   I believe that we have time later.
4   I do not like the chicken.
5   She is going to have a glass of wine.
6   Yes, sure, I have an appointment with you.
7   Everyone is on holiday.
8   He says that it is possible.
9   I can work next week.
10   Do you have the number?

11   Can you help the client?
12   Did you phone yesterday?
13   Why did you buy the Ferrari?
14   Do you have an appointment today?
15   Where can one buy a newspaper?
16   I am sorry but the soup is cold.
17   He/she does not eat meat.
18   Unfortunately we do not have time now.
19   We do not have his/her number.
20   Next week is good for us.

🔦 TOUT SIMPLEMENT

La plupart des gens sont bloqués au moment d'essayer de parler anglais parce qu'ils essayent de traduire mentalement d'une langue à l'autre et comme il leur manque toujours des mots, ils renoncent.

Vous n'aurez pas ce genre de problème avec *l'Anglais* INSTANTANÉ. Le secret, c'est d'utiliser seulement les mots que vous connaissez. Il faut apprendre à jongler avec les mots connus pour couvrir les mots que l'on ne connaît pas. Franchement, avec une base d'environ 400 mots, on peut parfaitement s'en sortir.

Ce ne sera évidemment pas toujours très élégant, mais ça ne fait rien. Ce qui compte vraiment, c'est de se faire comprendre !

Voici deux exemples qui illustrent comment dire quelque chose tout simplement. Les mots inconnus sont **en caractères gras**.

1 En français :
Vous voulez dire que vous désirez **changer la réservation de** votre **billet d'avion** pour Londres de mardi à vendredi.

En anglais vous direz – tout simplement :
"Tuesday is not good for us. Friday is better." ou :
"We cannot go to London on Tuesday. We would like to go on Friday."

2 En français :

Vous faites une excursion. Il fait froid et vous aimeriez aller chercher votre **veste** et également votre **porte-monnaie** dans le car que le chauffeur a fermé.

En anglais vous direz – tout simplement :
"Excuse me, it is very cold. I need something from the bus." ou :
"I am sorry, but I need my money and something for the cold weather from the bus. Can you help me please?"

À vous de jouer

Vous allez imaginer que vous êtes au pressing avec un vêtement que vous aimeriez faire nettoyer. Vous aimeriez savoir s'ils pourraient le faire pour ce soir car vous partez très tôt demain. Vous désirez également expliquer que la tache pourrait être du vin rouge. Pensez à ce que vous allez dire en anglais simple en utilisant les mots que vous connaissez. Ensuite, écrivez-le et comparez avec ma suggestion à la page 63.

☑☒ *TESTEZ VOS PROGRÈS*

Traduisez en anglais :

1 Bien sûr, le rendez-vous était mercredi au bureau.
2 (La) semaine prochaine ? Non, ce n'est pas possible. Nous n'avons pas (le) temps.
3 Je voudrais un verre de champagne et ensuite une bouteille de vin blanc.
4 Pouvez-vous m'aider, s'il vous plaît ? Quelqu'un a besoin d'un numéro de médecin.
5 Il a dit que l'église est très intéressante. Allez-vous la voir ?
6 Nous voudrions manger avec vous lundi soir.
7 Où peut-on acheter (des) fruits et (des) légumes par ici ?
8 Le distributeur est en haut, devant la sortie.
9 Nous allons prendre le poulet ou la salade au jambon. Le poisson est trop cher.
10 Je connais bien les vins de Bordeaux. Ils sont superbes.
11 Vendredi, nous allons voir le client. C'est une affaire très importante.
12 Je voudrais acheter quelque chose. Comment dit-on … en anglais ?
13 La Mercédès ne me plaît pas. Je vais prendre la petite Peugeot.
14 Il dit qu'il a la grippe et qu'il n'a pas terminé le travail.
15 Tout le monde a téléphoné. C'est fou !
16 Qui a vu que le chien a mangé ma viande ?
17 Il y a (de la) glace. Mais je ne l'aime pas.
18 Ça va ? Vous êtes malade ? Vous devez boire beaucoup d'eau.
19 Quand allons-nous à Douvres (Dover) cette semaine et pourquoi ?
20 Que faisons-nous dans cet hôtel ? C'est horrible.

Est-ce que vos points s'accumulent bien sur le tableur de progrès ?

5 | GUIDE JOURNALIER

Que diriez vous d'y consacrer 15 minutes dans le train/métro/bus, 10 minutes sur le chemin du retour chez vous et 20 minutes avant de commencer à zapper devant votre télé… ?

Jour 1
• Lisez EN ROUTE.
• Ecoutez/Lisez ON THE MOVE.
• Ecoutez/Lisez les MOTS NOUVEAUX. Apprenez-en 15 ou plus.

Jour 2
• Répétez ON THE MOVE et les MOTS NOUVEAUX.
• Découpez les fiches de MOTS FLASH – consacrez-y pas mal
  de temps.

Jour 3
• Testez vous jusqu'à arriver à la perfection en ce qui concerne les
  MOTS NOUVEAUX.
• Ecoutez/Lisez APPRENEZ-LE PAR COEUR.

Jour 4
• Découpez et apprenez les fiches de PHRASES FLASH.
• Assimilez la GRAMMAIRE ULTRA-SIMPLIFIÉE.

Jour 5
• Ecoutez/Lisez PARLONS ANGLAIS.
• Répétez APPRENEZ-LE PAR COEUR.

Jour 6
• Ecoutez/Lisez REPÉREZ LES MOTS-CLÉS.
• Traduisez TESTEZ VOS PROGRÈS.

Jour 7 Quels sont vos résultats sur le tableur qui illustre vos progrès ? Pas mal ? …Super ! Je parie que vous ne voulez pas prendre un jour de libre … cependant j'insiste !

♋ EN ROUTE

(À la gare)

Pierre   Deux billets pour Dundee, s'il vous plaît.

Heather Allersimple oualler-retour ?

Pierre   Aller simple ou quoi ? Pouvez-vous parler plus lentement, s'il vous plaît ?

Heather Aller – simple ou aller – retour ?

Pierre   Aller simple, s'il vous plaît. A quelle heure part le train, et d'où ?

Heather A neuf heures quarante cinq, quai huit.

Chantal Pierre, vite, ici il y a deux places non-fumeurs. Oh, quelqu'un fume là-bas. Excusez-moi, vous ne pouvez pas fumer ici parce que c'est non-fumeur. C'est interdit de fumer ici.

Henri   Désolé, je ne comprends pas. Je ne parle que français.

(À l'arrêt de bus)

Chantal Le prochain bus est à quatre heures et demie. Nous devons attendre vingt minutes. Pierre, voilà mes cartes postales et une lettre. Il y a une boîte aux lettres en bas. Je vais prendre des photos. Tout est superbe au soleil.

Pierre   Chantal, vite, voilà deux bus qui arrivent ! Les deux sont bleus. Celui-ci est plein. Allons prendre l'autre. *(Dans le bus)*. Deux pour Edimbourg, s'il vous plaît.

Hamish Ce bus va seulement à Dundee.

Pierre   Mais nous sommes à Dundee.

Hamish Oui, oui, mais celui-ci c'est le bus pour l'hôpital de Dundee.

(La voiture)

Pierre   Voilà notre voiture qui arrive. Seulement 50 livres pour trois jours. Je suis très content.

Chantal Je n'aime pas la voiture. Je pense qu'elle était bon marché parce qu'elle est très vieille. J'espère que nous n'allons pas avoir de problèmes.

Pierre   Je suis désolé mais la première voiture était trop chère, la deuxième trop grande. Celle-ci était la dernière. *(Plus tard)* Où sommes-nous ? La carte a disparu. Je peux voir une station-service à gauche et une école à droite. Vite !

⋯⋯➤ Page 46

🔊 🔊 ON THE MOVE

Pierre et Chantal voyagent en Écosse en train, en bus et en voiture de location. Ils parlent avec Heather à la gare, avec Henri dans le train et Hamish à l'arrêt de bus.

(At the station)

Pierre Two tickets to Dundee, please.

Heather Singleorreturn?

Pierre Single or what? Can you speak more slowly, please?

Heather Single – or – return?

Pierre Single please. When does the train leave, and where from?

Heather Nine forty-five, platform eight.

Chantal Pierre, quick, here are two seats in non-smoking. Oh, someone is smoking there. Excuse me, you can't smoke here, because this is non-smoking. Smoking is forbidden here.

Henri Désolé, I do not understand. Je ne parle que French.

(At the bus stop)

Chantal The next bus is at half past four. We'll have to wait for twenty minutes. Pierre, here are my postcards and a letter. There is a letter box down there. I am going to take some photos. Everything is beautiful in the sun.

Pierre Chantal, quick, two buses are coming! Both are blue. This one is full. We'll take the other one. *(On the bus)* Two to Edinburgh, please.

Hamish This bus goes to Dundee only.

Pierre But we are in Dundee!

Hamish Yes, yes, but this is the bus for Dundee hospital.

(The car)

Pierre Here comes our car. Only 50 pounds for three days. I am very pleased.

Chantal I don't like the car. I think it was cheap because it is very old. I hope that we are not going to have problems.

Pierre I am sorry, but the first car was too expensive, the second one too big. This was the last one. *(Later)* Where are we? The map has gone. I can see a petrol station on the left and a school on the right. Quickly!

⸺▶ Page 47

46

Chantal La rue principale est à côté du feu rouge. Si nous allons jusqu'au bout, nous arrivons sur l'autoroute. Peut-être à trois kilomètres. (Sur l'autoroute). Qu'est-ce qu'il y a ? Pourquoi cette voiture est si lente ? Avons-nous assez d'essence ? Combien de litres ? Avons-nous de l'huile ? Le moteur est trop chaud ? Je crois que la voiture est en panne. Où est le téléphone portable ? Où est le numéro du garage ?! Où est mon sac ?

Pierre CHANTAL ! J'ai mal à la tête. Et voilà la pluie ! Et pourquoi la police est-elle derrière nous ?

abcd... MOTS NOUVEAUX

on the move *en route*
the railway station *la gare*
the ticket *le billet*
single, one way (ticket) *aller simple*
return (ticket) *aller-retour*
(to) speak *parler*
more *plus*
slow, slowly *lente, lentement*
the train *le train*
(to) leave *partir*
the platform *le quai*
quick, quickly *vite, rapidement*
non-smoking *non-fumeurs*
(to) smoke *fumer*
(over) there *là-bas*
because *parce que*
forbidden *interdit*
I do not understand *je ne comprends pas*
the stop (bus) *l'arrêt (de bus)*
(to) come *venir*
(to) have to/must *devoir*
(to) wait *attendre*
here are/here is *voilà*
the postcard *la carte postale*
the letter *la lettre*

the box *la boîte*
down there *en bas*
(to) take photos *prendre des photos*
the sun *le soleil*
both *les deux, tous/toutes les deux*
this one *celui-ci, celle-ci*
full *plein(e)*
the other one *l'autre*
the hospital *l'hôpital*
our *notre*
the car *la voiture*
pleased *content(e)*
old *vieux, vieille*
I hope *j'espère*
the first *le premier, la première*
the second (one) *le/la deuxième*
the last (one) *le dernier, la dernière*
the map *la carte*
the petrol station *la station-service*
the school *l'école*
the main road *la rue principale*
the traffic lights *le feu rouge*
if *si*

Chantal The main road is at the traffic lights. If we go to the end we'll come to the motorway. Perhaps three kilometres. *(On the motorway)* What is the matter? Why is the car going so slowly? Do we have enough petrol? How many litres? Do we have oil? Is the engine too hot? I think the car is kaput. Where is the mobile? Where is the number of the garage? Where is my bag?

Pierre CHANTAL! I have a headache! And here is the rain! And why are the police behind us?

the end	*le bout*	hot	*chaud(e)*
we come, are coming	*nous venons*	kaput	*dans le sens de :*
the motorway	*l'autoroute*		*en panne*
the petrol	*l'essence*	the garage, workshop	*le garage*
the litre	*le litre*	the rain	*la pluie*
the oil	*l'huile*	the police	*la police*
the engine	*le moteur*		

TOTAL MOTS NOUVEAUX : 60
... il ne reste plus que 25 mots à acquérir !

APPRENEZ-LE PAR COEUR

Voici un dialogue entre quelqu'un dont la voiture a été cabossée et quelqu'un d'autre qui a des soupçons à ce sujet … ! Essayez de le dire en 10 lignes, comme si un Oscar était en jeu, en moins de 50 secondes.

It's only a small problem ...

A Can we go to the tennis tomorrow?
  Someone at the office gave me two tickets.
  I would like to see the new Americans.
  We can take the bus, the underground or the train.

B The bus? The underground*? The train?
  Why? What is the matter?
  We have a beautiful car in front of the house.

A Well … with the rain yesterday … I did not see the traffic lights.
  But it is only a small problem … just the door and the engine.
  And the mechanic** at the garage was very nice.

---

*underground : métro **the mechanic : le mécanicien

⚙ GRAMMAIRE ULTRA SIMPLIFIÉE

1 - Have to, must : *devoir*

Les Anglais utilisent énormément **have to**, une tournure très courante comme alternative à **must**. Ne le confondez pas avec **have** (avoir) et n'oubliez pas le **to** qui le suit. Si vous me demandez **"Do I have to learn it?"**, je vous répondrai : **" Yes, you have to! Everyone has to!"**

2 - slow – slowly : *lent(e) – lentement*

Si vous modifiez un adjectif pour qu'il devienne un adverbe, en français on ajoute *–ment*.

Il est lent. Il parle lentement. En anglais on ajoute *–ly* : **He is slow. He speaks slowly.** Tout simplement.

3 - Juste une petite poignée de pronoms !

Il y a un nombre limité de tous ces petits mots, tels que **me**, **my**, **him**, **their** etc. Vous verrez, ils sont faciles à apprendre.

D'abord ceux que vous utilisez lorsque vous faites allusion à quelque chose qui appartient à quelqu'un, *my* **money** ou *his* **Rolls Royce**.

Et les voilà tous ceux du premier groupe au complet :

mon, ma, mes	*votre, vos*	*notre, nos*	*son, sa, ses*	*leur, leurs*
my	**your**	**our**	**his, her, its**	**their**

En anglais vous utilisez **its** quand on parle d'*une chose à laquelle quelque chose d'autre appartient* (et non de personnes). La voiture. Son moteur. **The car.** *Its* **engine (son moteur, le moteur de celle-ci).** Cependant, si le moteur appartient à Pierre, on dirait *his* **engine (son moteur à lui).**

Dans le second groupe, vous trouverez tous les petits mots dont vous allez avoir besoin lorsque vous voudrez dire *l'argent est pour moi, la Rolls est pour lui*, the money is *for* **me,** the Rolls Royce *for* **him.**

pour ... moi	*vous*	*nous*	*lui*	*elle*	*eux, elles*
for... me	**you**	**us**	**him/it**	**her/it**	**them**

Tous ces petits mots très utiles peuvent être accompagnés de **with, without, of, from, at, by, in front of, behind** (*avec, sans, de, à partir de, par, en face de, derrière*) et de bien d'autres. Rappelez-vous que **it** (dans le sens de *ça*) se réfère à des choses : Pour ma voiture – pour elle. **For my car – for** *it.*

◑ 👄 *PARLONS ANGLAIS !*

Voici un petit exercice d'échauffement qui comporte 10 points : je vous donne une réponse et vous me posez une question – comme si vous aviez mal entendu les mots en MAJUSCULES.

Exemple : ALINE is there. Question : Who is there ?

1 The mobile is IN MY BAG.
2 THE MOTORWAY is down there.
3 The bus leaves IN 20 MINUTES.
4 TOM would like to speak to Mr Durand.
5 A return ticket to Manchester is 38 POUNDS.
6 I do not like the house BECAUSE it is very old.
7 They are going to England BY CAR.
8 I did not see THE TRAFFIC LIGHTS.
9 NO, I do not like the garage.
10 YES, I am very pleased with the school.

Commencez à répondre en utilisant yes et we :

11 Do you have the map of the motorway?
12 Are you going to take this bus?
13 Can you smoke in the train?
14 Do you have to wait 20 minutes?
15 Are you going to the station now?
16 Do you like this car?

*Expliquez ces mots en **Anglais** INSTANTANÉ :*

17 chenil 18 professeur 19 chômeur 20 être fauché

---

1 Where is the mobile?
2 What is down there?
3 When does the bus leave?
4 Who would like to speak to Mr Durand?
5 How much is a return ticket to Manchester?
6 Why don't you like the house?
7 How are they going to England?
8 What didn't you see?
9 Do you *ou* Don't you like the garage?
10 Are you pleased with the school?

11 Yes, we have the map of the motorway.
12 Yes, we are going to take this bus.
13 Yes, we can smoke in the train.
14 Yes, we have to wait 20 minutes.
15 Yes, we are going to the station now.
16 Yes, we like this car.
17 A house for dogs when we are on holiday.
18 Someone who works with children in a school.
19 Someone who does not work.
20 We don't have money. Not one pound.

🎧 🎙 *REPÉREZ LES MOTS-CLÉS*

Cette fois ci vous préparez une excursion à la campagne et vous aimeriez bien savoir le temps qu'il va faire.

Vous pourriez formuler votre question de la façon suivante :

"Excuse me, do you know anything about the weather tomorrow?"

Voici une réponse possible :

Well, I am not sure but *according to the latest forecast* **on the television** *the low pressure system is finally moving off and it is expected to get* **warm tomorrow,** *about* **twenty-five** *degrees* **they said.** *However they also expect some thunderstorms* **with rain in the evening.**

Il n'a pas l'air de savoir exactement. D'après la télé, quelque chose couve ; il fera chaud demain – 25 degrés centigrades – mais il pleuvra dans la soirée. Je vous conseille de prendre un parapluie.

☑☒ *TESTEZ VOS PROGRÈS*

Traduisez. Si vous avez appris tous les mots jusqu'à présent, vous devriez faire mouche à 90% !

1 Je n'aime pas cette photo, la première était mieux.
2 C'est combien le billet aller-retour ?
3 Qu'est-ce que vous avez dit ? Pouvez-vous parler plus lentement ?
4 Je ne comprends pas pourquoi l'essence est moins chère par ici.
5 C'est interdit de fumer dans (sur) le métro.
6 Vite, voilà le train, quai trois.
7 Cette boîte est pour (les) cartes postales ? Une boîte rouge ?
8 Allô, je viens de Calais. C'est le garage ?
9 J'espère que ce n'est pas la dernière station-service.
10 Il fait très chaud cette semaine. Je voudrais un peu de pluie.
11 Elle n'a pas attendu le feu rouge. Et maintenant elle est à l'hôpital.
12 Nous n'avons pas beaucoup vu de soleil. Nous devons aller au Portugal.
13 Elle parle et fume trop sur l'autoroute ! Je vais prendre le train.
14 Nous sommes à la police parce que quelqu'un a pris notre téléphone portable.
15 Les billets sont bon marché si vous les achetez maintenant.
16 J'aime votre Ferrari. Elle était très chère ?
17 Il y a une pharmacie derrière la rue principale, à côté de la gare.
18 Comment est la voiture ? Vieille, mais le moteur est neuf.

6 | GUIDE JOURNALIER

C'est la dernière semaine ! Vous y êtes presque !!

Jour 1
- Lisez À L'AÉROPORT.
- Ecoutez/Lisez AT THE AIRPORT.
- Ecoutez/Lisez les MOTS NOUVEAUX. Il y en a seulement 26.

Jour 2
- Répétez AT THE AIRPORT et MOTS NOUVEAUX.
- Travaillez les MOTS FLASH et les PHRASES FLASH.

Jour 3
- Testez-vous sur les PHRASES FLASH.
- Ecoutez/Lisez APPRENEZ-LE PAR COEUR.

Jour 4
- Fin de la GRAMMAIRE ULTRA-SIMPLIFIÉE !
- Concentrez-vous sur le résumé.
- Ecoutez/Lisez REPÉREZ LES MOTS-CLÉS.
- Lisez TOUT SIMPLEMENT.

Jour 5
- Ecoutez/Lisez PARLONS ANGLAIS.

Jour 6
- Le tout dernier TESTEZ VOS PROGRÈS ! Allez-y !

Félicitations !

Vous avez terminé le cours brillamment et devriez être en mesure de parler

l'Anglais INSTANTANÉ !

🔦 A L'AÉROPORT

Pierre et Chantal rentrent à Paris. Dans la salle de départ ils reconnaissent l'un des voyageurs.

Pierre   Nous devons travailler lundi. C'est horrible ! Je voudrais partir en Italie maintenant ou prendre l'avion pour Hawaii. Mon bureau peut attendre et personne ne saura où je suis.

Chantal   Et que disent les gens dans *mon* bureau ? Ils attendent deux jours et téléphonent à ma mère. Elle leur donne bien sûr le numéro de notre portable. Et après ?

Pierre   Oui, oui, je sais. Alors, peut-être une semaine à Noël à la neige ou sur un bateau au Portugal … Je vais acheter le journal ... Chantal ! Voilà Mark Spencer !

Mark   Bonjour, ça va? Que faites-vous ici ? Voici ma femme, Cindy. Vos vacances sont terminées ? C'était bien ?

Chantal   Tout était merveilleux. Nous avons vu beaucoup de choses et beaucoup trop mangé. Nous connaissons très bien l'Angleterre et l'Ecosse maintenant.

Mark   L'année prochaine, l'Irlande et le Pays de Galles alors ? Ou vous devez venir à Oxford. Mme Durand, ma femme voudrait acheter un livre concernant l'internet. Pouvez-vous aller avec elle et l'aider, s'il vous plaît ? M. Durand, pouvez-vous me donner le journal ? Il y a quelque chose sur le football ? Et nous prenons une bière après.

(Au kiosque de l'aéroport)

Chantal   Je ne vois rien ici. Et ce que vois, je n'aime pas. Vous allez aussi à Paris ?

Cindy   Non, nous allons à Edimbourg, chez la mère de Mark. Elle a souvent nos enfants pendant les vacances. Un garçon et trois filles. Nous allons prendre le train demain. C'est moins cher.

Chantal   Votre mari travaille à la banque Barclays ?

Cindy   Oui, son travail est intéressant mais pas très bien payé. Nous avons un petit appartement et une vieille Ford Escort. Il y a beaucoup à réparer. Mes parents sont à Los Angeles et j'ai une amie en Australie. Nous nous écrivons beaucoup de lettres. Je voudrais aller à Los Angeles mais c'est trop cher.

⸺➤ Page 54

👂 🎧 AT THE AIRPORT

Pierre et Chantal rentrent à Paris. Dans la salle de départ ils reconnaissent l'un des voyageurs.

Pierre We have to work on Monday. It's horrible! I would like to leave for Italy now, or take a plane to Hawaii. My company can wait and nobody is going to know where I am.

Chantal And what are the people in my office going to say? They'll wait for two days and then telephone my mother. She'll surely give them the number of our mobile. And then?

Pierre Yes, yes, I know. Well, perhaps a week at Christmas in the snow or on a boat to Portugal … I'm going to buy a newspaper … Chantal! Here is Mark Spencer!

Mark Hello! How are you! What are you doing here? This is my wife, Cindy. Is your holiday finished? Was it good?

Chantal Everything was wonderful. We have seen a lot of things and have eaten too much. We know England and Scotland very well now.

Mark Well, next year Wales or Ireland. Or you must come to Oxford. Mrs Durand, my wife would like to buy a book about the Internet. Can you go with her and help her, please? Mr Durand, can you give me the newspaper? Is there something about the football? And we'll have a beer afterwards.

(Au kiosque de l'aéroport)

Chantal I don't see anything here. And what I see, I don't like. Are you also going to Paris?

Cindy No, we are going to Edinburgh to Mark's mother. She often has our children during the holidays. A boy and three girls. We are going to take the train tomorrow. It is less expensive.

Chantal Your husband works for Barclays Bank?

Cindy Yes, his work is interesting but not very well paid. We have a small apartment and an old Ford Escort. There is a lot to repair. My parents are in Los Angeles and I have a friend in Australia. We write a lot of letters. I would like to go to Los Angeles but it is too expensive.

⋯⟶ Page 55

Chantal Mais vous avez une belle maison en Floride ?

Cindy Une maison en Floride ? Je ne connais pas la Floride ! Quand nous avons des vacances, nous allons à Manchester chez des amis.

Pierre Chantal, vite ! Nous devons aller. Au revoir ! Qu'est-ce qu'il y a, Chantal ? Qu'est-ce que Mme Spencer a dit ?

Chantal Attends, Pierre, attends !

abcd... MOTS NOUVEAUX

the airport	*l'aéroport*	**here is, this is**	*voici*
leave	*partir*	**wonderful**	*merveilleux(se)*
the people	*les gens*	**afterwards**	*après*
(to) know	*savoir, connaître*	**(to) see**	*voir*
(to) say	*dire*	**Mark's (mother)**	*(la mère) de Mark*
(to) wait	*attendre*		
(to) (tele)phone	*téléphoner*	**often**	*souvent*
the mother	*la mère*	**during**	*pendant*
them	*leur*	**the girl**	*la fille*
(to) give	*donner*	**flat**	*appartement*
at Christmas	*à Noël*	**(to) write**	*écrire*
in the snow	*à la neige*	**to/at friends**	*chez des amis*
a boat	*un bateau*	**wait!**	*attends ! / attendez !*

TOTAL MOTS NOUVEAUX : 25
TOTAL MOTS ANGLAIS APPRIS : 362
QUELQUES MOTS SUPPLÉMENTAIRES : 67

TOTAL GLOBAL: 429

Chantal   But you have a beautiful house in Florida.
Cindy   A house in Florida? I do not know Florida. When we have holidays we go to friends in Manchester.
Pierre   Chantal, quickly! We have to go. Goodbye! What is the matter, Chantal? What did Mrs Spencer say?
Chantal   Wait Pierre, wait!

❤ 🎧 *APPRENEZ-LE PAR COEUR*

C'est votre dernier dialogue à apprendre par coeur. Mettez-y tout votre coeur ! Vous avez maintenant un répertoire de six bonnes 'scènes' pour agrémenter votre prochaine soirée et un large éventail d'expressions qui vous seront fort utiles !

Goodbye ...!

Chantal   John, hello, this is Chantal Durand.
I am phoning from the airport.
Yes, the holiday is finished
and the money, too, unfortunately.
Pierre would like to speak to you... and goodbye!

Pierre   Hello, John, yes... what? You are buying both?
My company has your e-mail? Wonderful!
Thank you very much.
Next year?
Chantal would like to go to America, but I like England.
With Edith Ferrent? PLEASE!
We have to go to the plane*... goodbye!

---

*plane : abrév. **aeroplane**

56

🔑 GRAMMAIRE ULTRA SIMPLIFIÉE

Comme je vous l'avais promis, il n'y a pas de nouvelles règles de grammaire dans cette leçon. Cependant, il se peut que vous vous emmêliez un peu dans les diverses formes du verbe. Voici donc un résumé de 31 verbes *INSTANTANÉS* que vous avez rencontrés au cours des six semaines. Lorsque vous aurez parcouru la liste, vous vous rendrez compte que vous en connaissez déjà pas mal !

Forme de base		Passé simple	Passé composé
I, you, we, they	he, she, it		have/has
be-am,are	is	was, were	been
buy	buys	bought	bought
can	can	could, was able	-
come	comes	came	come
do	does	did	done
drink	drinks	drank	drunk
eat	eats	ate	eaten
give	gives	gave	given
go	goes	went	gone
have	has	had	had
help	helps	helped	helped
hope	hopes	hoped	hoped
know	knows	knew	known
leave	leaves	left	left
like	likes	liked	liked
live	lives	lived	lived
make	makes	made	made
must*	must		
have to*	has to	had to	had to
need	needs	needed	needed
repair	repairs	repaired	repaired
say	says	said	said
see	sees	saw	saw
smoke	smokes	smoked	smoked
speak	speaks	spoke	spoken
take	takes	took	taken
(tele)phone	phones	phoned	phoned
think	thinks	thought	thought
wait	waits	waited	waited
work	works	worked	worked
would like	would like	-	-
write	writes	wrote	written

REPÉREZ LES MOTS-CLÉS

Voici la dernière série d'exercices. Si vous avez la cassette/le CD, refermez le livre, sinon, continuez votre lecture. Cette fois-ci, on ne va pas vous montrer les mots-clés. C'est à vous de les chercher et d'essayer de comprendre la réponse. Ensuite, comparez-la avec celle de la page 63.

Vous demandez : (à un chauffeur de taxi)

> **Excuse me, how much is it to the airport and how long does it take?***

*combien de temps ça dure ?

Sa réponse : *It depends when you are going. Normally, it takes twenty minutes, but if you get into the rush hour and the bridge is totally jammed up you have to allow for three quarters of an hour. The price will be on the meter. Normally it is between twelve and fifteen pounds.*

TOUT SIMPLEMENT

La semaine dernière vous avez appris que les choses les plus compliquées peuvent être simplifiées, même quand on n'a pas un vocabulaire très étendu.

Voici encore deux sessions pratiques :

1 Vous avez loué une voiture et vous êtes sur le départ : c'est alors que vous découvrez une grosse éraflure sur le côté gauche derrière la portière. Vous aimeriez informer l'assurance, afin de ne pas recevoir de facture plus tard. Que diriez vous ?

Composez mentalement quelques phrases simples et comparez les ensuite avec notre suggestion à la page 63.

2 Vous êtes maintenant à l'aéroport, vous avez déjà enregistré vos valises et vous vous rendez soudain compte que vous avez oublié des choses dans l'armoire de l'hôtel. Vous téléphonez à l'hôtel en leur demandant de bien vouloir faire suivre vos affaires.

Que diriez-vous ? Formulez le plus simplement possible votre intention mentalement et dites-le tout haut. Ecrivez-le rapidement sur un morceau de papier et comparez votre idée avec la mienne qui figure à la page 63.

58

◯ 🎧 *PARLONS ANGLAIS !*

*Voilà encore 5 questions, histoire de vous échauffer un peu.
Incorporez les mots qui sont entre parenthèses dans votre réponse. Si
vous avez la cassette/le CD, vous remarquerez que nous vous
indiquons ces mots après chaque question.*

1 Did he buy the flat in Chelsea? (Yes, on Monday)
2 For how many years did you work at Harrods? (three)
3 When did you speak to your company? (yesterday)
4 Why are you always repairing your car? (because, old)
5 Did he live with his mother? (no, with his girlfriend)

*Dans votre dernier exercice, vous allez de nouveau traduire. Cette
fois-ci vous expliquerez à vos amis anglais ce qu'on vous a dit en
français. Faites toujours une phrase complète – À HAUTE VOIX –
et n'oubliez pas que les verbes anglais sont au début de la phrase.*

6 Somebody says you are crazy… (d'acheter ce vieil appartement)
7 Somebody says, he does not like it… (que vous arriviez en retard)
8 Somebody says, it is broken… (quand vous n'avez pas d'eau chaude)
9 My girlfriend says… (que ses vacances sont finies)
10 She also says… (que nous reviendrons l'an prochain)
11 My wife would like to say… (qu'elle a un rhume)
12 My husband says, he cannot come… (parce qu'il travaille sur un bateau)
13 My mother would like to come… (mais elle est souvent malade)
14 My friend says…(que vous êtes très belle)
15 He also says…(qu'il aimerait avoir votre numéro de téléphone)

---

1 Yes, he bought the flat in Chelsea on Monday.
2 I worked at Harrods for three years.
3 I spoke to my company yesterday.
4 I'm always repairing my car because it is old.
5 No, he lived with his girlfriend.
6 Somebody says you are crazy if you buy this old flat.
7 Somebody says he does not like it if you come too late.
8 Somebody says it is broken if you do not have hot water.
9 My girlfriend says that our holidays are now finished.
10 She also says that we'll come back next year.
11 My wife would like to say that she has a cold.
12 My husband says he cannot come because he works on a boat.
13 My mother would like to come but she is often ill.
14 My friend says that you are very beautiful.
15 He also says that he would like to have your telephone number.

☑️TESTEZ VOS PROGRÈS

J'ai mis des tas de choses dans ce dernier test – tous les verbes *INSTANTANÉS* y sont ! Pas de panique – ce n'est pas si terrible que ça. Lancez-vous, vous allez vous en sortir brillamment !

Traduisez en anglais par écrit :

1   Nous écrivons beaucoup de lettres parce que nous avons un ordinateur.
2   Ça va ? Qu'est-ce qu'il y a ? Je peux vous aider ?
3   Nous venons avec beaucoup de gens du bureau.
4   Il a dit que nous allons dîner chez des amis.
5   Croyez-vous qu'il y a de la neige à Noël en Écosse ?
6   La deuxième valise est dans le bus. Pouvez-vous prendre le sac noir ?
7   Quelqu'un a mangé mon steak ! Que puis-je faire ?
8   Pourquoi vous n'avez pas téléphoné ? Nous avons attendu jusqu'à hier.
9   Vite ! Avez-vous trouvé (vu) un taxi ? Mon avion attend.
10 Je sais. L'aéroport est toujours ouvert – jour et nuit.
11 J'ai travaillé et habité sur un bateau mais le travail n'était pas bien payé.
12 Je voudrais dîner plus tard. A huit heures et demie. Ça va ?
13 Votre mère est très sympathique et fait un gâteau merveilleux.
14 Vous aimez l'appartement de Londres ?
15 Nous devons travailler beaucoup d'heures. Trois garçons et deux filles ont besoin de beaucoup d'argent !
16 J'espère que le garage peut le réparer.
17 Je la connais. Elle fait toujours les courses avec son chien.
18 Qui a dit que personne ne peut fumer par ici ?
19 Je voudrais parler avec le vendeur, s'il vous plaît. Il m'a donné des chaussures *vertes* !
20 Ils disent que vous avez acheté une autre Citroën.
21 Qu'est-ce que vous voudriez boire ? Nous avons un vin rouge superbe.
22 Dimanche et lundi le bateau part à six heures moins le quart.
23 Je suis désolé(e) mais *l'Anglais INSTANTANÉ* est terminé.

Vérifiez vos réponses à la page 63. Ensuite, calculez vos points d'excellence sur le tableur qui illustre vos progrès et donnez-vous un certificat.

RÉPONSES

Combien de points à mon actif ?

Voilà comment vous allez calculer vos pourcentages : De 100% vous allez déduire :

- 1% pour chaque mot incorrect ou manquant.
- 1% pour chaque forme verbale complètement incorrecte.
  Par exemple, Je travaille : **'I work'** (**I work**). Il fume : **'he smoked'** (**he smokes**)
- 1% lorsque vous oubliez de mettre le **do** quand vous posez des questions ou dans une tournure négative. Par exemple : Travaillez-vous ? **'Work you?'** (**Do you work?**) Je ne travaille pas : **'I work not'**. (**I do not work**).

Il n'y a pas de pénalisations pour :

- une séquence de mots incorrecte dans une phrase.
- les fautes d'orthographe. Par exemple 'hollidays' au lieu de holidays ; l'important, c'est que vous sachiez le *prononcer* comme il faut.
- quand vous ne savez pas bien utiliser la forme -**ing**.
- lorque vous confondez des mots qui se ressemblent. Par exemple, **at** (chez, à) et **by** (par).

DÉDUISEZ VOS PÉNALISATIONS DES 100% ET VOUS AUREZ VOS RÉSULTATS DE LA SEMAINE

SEMAINE 1
TESTEZ VOS PROGRÈS

1 Good evening, we are John and Julie.
2 I am from Liverpool. You, too?
3 I was in Cannes in July.
4 My parents have a Rover.
5 We are going to Nice with the company.
6 Do you work in the aeroplane?
7 I do not have a good job.
8 I need a house for the holidays.
9 What do you do? Computers?
10 One moment, please, it is my telephone.
11 She has three houses and two computers.
12 Excuse me, are you Mrs Cardin?
13 We work at Renault. The money is good.
14 Holidays in Australia cost a lot.
15 I am in France, but without my wife.
16 We were in Paris for seven months.
17 I am always going to Nice. Where do you go?
18 Do you have four seats for my children?
19 How are the friends from Florida? Very interesting.
20 Goodbye. We are now going to Toulon. Unfortunately.

VOTRE POURCENTAGE : ___ %

SEMAINE 2
TESTEZ VOS PROGRÈS

1   We would like to have a coffee.
2   Is there a bank around here?
3   We are going to eat something.
4   Do you have the bill for the tea, please?
5   My children do not have enough money.
6   At what time are we in Cambridge?
7   They always go to the café at half past six.
8   Excuse me please, where are the toilets, straight ahead?
9   You are going to Oslo in January?
10 She goes to Los Angeles with her husband.
11 The breakfast is great. How much is it?
12 Where are you tomorrow at half past ten?
13 There is not one job without a computer.
14 I am going to the office and then on holiday.
15 Excuse me, we only have a credit card.
16 All right, we'll take the Renault for two days.
17 We are going to repair the Citroën. Something is broken.
18 I work for twelve hours. We need the money.
19 Two pounds for a cold tea? That's too much.
20 There are three hundred cafés around here, one at two minutes from here.

VOTRE POURCENTAGE : ___ %

SEMAINE 3
TESTEZ VOS PROGRÈS

1   Have you seen a sales assistant?
2   At what time must you go to the hairdresser today?
3   Who saw Pierre yesterday on television?
4   I believe the shops are open now.
5   Excuse me, I must go to the post office. You, too?
6   Where did you buy the French newspaper?
7   What? Is that all? That's very cheap!
8   A stamp for France – how much is that?
9   I have a credit card. Is there a cash dispenser?
10 We must go to the dry cleaner's. That's all right, no problem.
11 Do you have a bag for my black shoes, please?
12 I believe that I saw / have seen a pharmacy around here.
13 Size 40 French – what is that in England?
14 You worked / have worked until five o'clock or later?
15 I am sorry, we ate / have eaten all the ham.
16 We bought / have bought everything: beer, wine and cheese.

VOTRE POURCENTAGE : ___ %

62   ***SEMAINE 4***
TESTEZ VOS PROGRÈS

1   Sure, the appointment was Wednesday, at the office.
2   Next week? No, that's not possible. We don't have time.
3   I would like a glass of champagne and then a bottle of white wine.
4   Can you help me, please? Someone needs the number of the doctor.
5   He said that the church is very interesting. Are you going to see it?
6   We would like to eat with you Monday night.
7   Where can one buy fruit and vegetables around here?
8   The cash dispenser is upstairs, in front of the exit.
9   We are going to take/have the chicken or the ham salad. The fish is too expensive.
10 I know the wines of Bordeaux well. They are superb.
11 On Friday we are going to see the client. It is a very important matter.
12 I would like to buy something. How do you say … in English?
13 I do not like the Mercedes. I am going to take the small Peugeot.
14 He says that he has the flu and that he has not finished the work.
15 Everybody has phoned. It's crazy!
16 Who saw that the dog has eaten my meat?
17 There is ice-cream. But I do not like it.
18 How are you? You are ill? You must drink a lot of water.
19 When are we going to Dover this week and why?
20 What are we doing in this hotel? It is horrible.

VOTRE POURCENTAGE : ___ %

SEMAINE 5
TESTEZ VOS PROGRÈS

1   I do not like this photo. The first one was better.
2   How much is the ticket – return?
3   What did you say? Can you speak more slowly?
4   I do not understand why petrol is cheaper here.
5   It is forbidden to smoke on the underground.
6   Quickly, here is the train, platform three.
7   This box is for postcards? A red letter box?
8   Hello, I am coming from Calais. Is that the garage?
9   I hope that this is not the last service station.
10 It is very hot this week. I would like a little rain.
11 She did not wait for the traffic lights, and now she is in hospital.
12 We did not see much of the sun. We have to go to Portugal.
13 She talks and smokes too much on the motorway! I am going to take the train.
14 We are at the police station because somebody has taken our mobile.
15 The tickets are cheap if you buy them now.
16 I like your Ferrari. Was it very expensive?
17 There is a chemist behind the main road, next to the station.
18 How is the car? Old, but the engine is new.

VOTRE POURCENTAGE : ___ %

SEMAINE 6
TESTEZ VOS PROGRÈS

1 We write a lot of letters because we have a computer.
2 How are you? What is the matter? Can I help you?
3 We are coming with a lot of people from the office.
4 He said that we are going to eat with friends.
5 Do you believe that there is snow at Christmas in Scotland?
6 The second case is in the bus. Can you take the black bag?
7 Someone has eaten my steak. What can I do?
8 Why did you not telephone? We waited until yesterday.
9 Quick! Have you seen a taxi? My plane is waiting.
10 I know. The airport is always open – day and night.
11 I lived and worked on a boat, but the money was not good.
12 I would like to eat later. At half past eight. Is that all right?
13 Your mother is very nice and makes wonderful cakes.
14 Do you like the flat in London?
15 We must work a lot of hours. Three boys and two girls need a lot of money.
16 I hope that the garage can repair it.
17 I know her. She always goes shopping with her dog.
18 Who said one cannot smoke around here?
19 I would like to speak to the sales assistant please. He gave me green shoes!
20 They say that you bought another Citroën.
21 What would you like to drink? We have a superb red wine.
22 On Sunday and Monday the boat leaves at a quarter to six.
23 I am sorry, but *l'Anglais* INSTANTANÉ is finished.

VOTRE POURCENTAGE : ___ %

SEMAINE 5
TOUT SIMPLEMENT

"Excuse me, can you help me please? This here, I think it is red wine but I am not sure. Can you please do it today because I am on holiday here and we'll go early tomorrow morning."

SEMAINE 6
TOUT SIMPLEMENT

"Excuse me, can you see something on the car please? This here, on the left by the door. I did not do that. Can you please write it on my paper because I would not like a bill for it later. Thank you."

"Hello, I am Chantal Durand. I was at your hotel until today. My room number was 31. There are some of my things in the room and I am now at the airport going back to France. Can you help me, please? I need the things. Do you have my address? I'll phone you again from France. Then you'll also know how much it costs. Thank you very much. Goodbye."

SEMAINE 6
REPÉREZ LES MOTS-CLÉS

Cela dépend de quand a lieu votre départ. Normalement, cela prend 20 minutes mais si nous tombons à l'heure de pointe et que le pont est complètement bloqué par un bouchon, vous devez prévoir trois quarts d'heure. Le prix est indiqué au compteur. Normalement cela coûte entre douze et quinze livres sterling.

⚡ COMMENT UTILISER LES FICHES FLASH

LES FICHES FLASH ont remporté le titre de meilleure idée de ce cours ! Apprendre des mots et des phrases par coeur peut vous paraître pas passionnant du tout mais avec les Fiches Flash, cela devient rapide et amusant.

Voici ce que vous devrez faire :

Lorsque le Guide Journalier vous demande d'utiliser les fiches, découpez-les. Il y a 18 MOTS FLASH et 10 PHRASES FLASH par semaine. Chaque fiche comporte un chiffre qui correspond à la leçon. Inutile de découper trop de fiches d'un seul coup et ne plus savoir à quoi elles correspondent.

Essayez d'abord d'apprendre les mots et les phrases en étudiant bien les deux côtés. Ensuite, quand vous avez une idée assez claire, essayez de vous tester – vous verrez, c'est très amusant. Regardez le texte français, dites-le en anglais et vérifiez. Faites trois piles : une pour ce qui est 'Correct', une autre pour ce qui est 'Incorrect' et une autre intitulée 'Aucune idée'.

Quand vous aurez terminé d'utiliser les fiches, reprenez la pile des 'Incorrects' et essayez de les faire diminuer jusqu'à ce que cette pile disparaisse. Vous pouvez également faire ça 'à l'envers' en commençant avec l'anglais côté face.

Gardez les fiches bien à l'abri dans une petite boîte ou mettez-leur un élastique. Prenez-les partout avec vous, dans le bus, le train, chez le coiffeur ou le dentiste, comme cela vous ne perdrez pas votre temps.

Si vous trouvez que le papier des fiches n'est pas très solide, photocopiez les mots et les phrases sur une fiche avant le découpage. Vous pouvez également acheter de la cartoline et y coller les fiches ou tout simplement les y recopier.

Les 18 MOTS FLASH de chaque leçon sont là pour vous initier. **Convertissez le reste des Mots Nouveaux en Fiches Flash également**. Vous verrez, cela en vaut la peine !

**FICHES FLASH pour APPRENDRE INSTANTANÉMENT :
NE LES PERDEZ PAS – UTILISEZ-LES !**

we have	please
unfortunately	not
we are going	too, also
but	I was
what	good
big	money

s'il vous plaît [1]	nous avons [1]
ne … pas [1]	malheureuse-ment [1]
aussi [1]	nous allons [1]
j'étais [1]	mais [1]
bon, bonne [1]	que [1]
argent [1]	grand(e) [1]

	1		1
always		I have	

	1		1
without		on holiday	

	1		1
house		how	

	2		2
room		expensive	

	2		2
small		broken	

	2		2
perhaps		repair	

j'ai [1]	toujours [1]
en vacances [1]	sans [1]
comment [1]	maison [1]
cher, chère [2]	chambre [2]
en panne [2]	petit(e) [2]
réparer [2]	peut-être [2]

here **2**	enough **2**
a little **2**	how much **2**
only **2**	all right **2**
go **2**	other **2**
tomorrow **2**	something **2**
eat **2**	the bill **2**

assez 2	ici, par ici 2
combien 2	un peu 2
d'accord 2	seulement 2
autre 2	aller 2
quelque chose 2	demain 2
l'addition 2	manger 2

3 today	3 stamps
3 all	3 first
3 after	3 oh dear!
3 until	3 open
3 I must/have to	3 later
3 cash dispenser	3 the bread

timbres [3]	aujourd'hui [3]
d'abord [3]	tout(e) [3]
Mon Dieu ! [3]	après [3]
ouvert(e) [3]	jusqu'à [3]
plus tard [3]	je dois [3]
le pain [3]	un distributeur [3]

a bottle **3**	like, as **3**
who **3**	what **3**
yesterday **3**	the shop **3**
when **4**	to drink **4**
sure, of course **4**	behind **4**
upstairs, above **4**	I know **4**

comme **3**	une bouteille **3**
quoi **3**	qui **3**
hier **3**	le magasin **3**
boire **4**	quand **4**
derrière **4**	bien sûr **4**
je connais **4**	en haut **4**

I can **4**	the ice-cream **4**
the exit **4**	nothing **4**
sick, ill **4**	nobody **4**
someone **4**	why **4**
in front of **4**	next **4**
a fish **4**	the church **4**

4 la glace	**4** je peux
4 rien	**4** la sortie
4 personne	**4** malade
4 pourquoi	**4** quelqu'un
4 prochain(e)	**4** devant
4 l'église	**4** un poisson

5 the station	5 how, what, pardon
5 non-smoking	5 over there
5 because	5 the stop
5 the box	5 this one
5 our	5 full
5 old	5 the car

comment	la gare
là-bas	non-fumeur
l'arrêt	parce que
celui-ci, celle-ci	la boîte
plein(e)	notre
la voiture	vieux, vieille

5 the main road	5 the motorway
5 the petrol	5 the last
5 I hope	5 (to) wait
6 the airport	6 (to) leave
6 never, ever	6 they say
6 the people	6 them, their

l'autoroute **5**	la rue principale **5**
le dernier, la dernière **5**	l'essence **5**
attendre **5**	j'espère **5**
partir **6**	l'aéroport **6**
ils disent **6**	jamais **6**
leur **6**	les gens **6**

I know 6	at Christmas 6
here is 6	a ship, boat 6
wonderful 6	I see 6
often 6	during 6
the flat 6	(to) come 6
we know 6	(to) give 6

à Noël	je sais
un bateau	voici
je vois	merveilleux, -euse
pendant	souvent
venir	l'appartement
donner	nous connaissons

My name is Robert. 1

I was in new York for three years. 1

I work for the bank. 1

I have a good job. 1

Do you have a big house? 1

We are not from Toulouse. 1

We are on holiday. 1

We have two children. 1

We are going to Cambridge. 1

It is very expensive. 1

Mon nom est Robert. [1]

J'étais trois ans à New York. [1]

Je travaille pour la banque. [1]

J'ai un bon poste. [1]

Avez-vous une grande maison ? [1]

Nous ne sommes pas de Toulouse. [1]

Nous sommes en vacances [1]

Nous avons deux enfants. [1]

Nous allons à Cambridge. [1]

C'est très cher. [1]

Do you have a room? 2

Is there a café around here? 2

at half past eight 2

at a quarter to five 2

the bill, please 2

Where are the toilets, on the right? 2

How much is the coffee? 2

At what time is …? 2

something to eat 2

We would like to go to … 2

Avez-vous une chambre ? 2

Il y a un café près d'ici ? 2

à huit heures et demie 2

à cinq heures moins le quart 2

l'addition, s'il vous plaît 2

Où sont les toilettes, à droite ? 2

Le café, c'est combien ? 2

À quelle heure est … ? 2

quelque chose à manger 2

Nous voudrions aller à … 2

I am sorry.

3

I am going shopping.

3

We must go to…

3

Until what time?

3

no problem

3

What is there?

3

What is that?

3

The shops are open.

3

We would like to buy…

3

the bus for the town centre

3

Je suis désolé(e).

3

Je vais faire les courses.

3

Nous devons aller à …

3

Jusqu'à quelle heure ?

3

pas de problème

3

Qu'est-ce qu'il y a ?

3

Qu'est-ce que c'est ?

3

Les magasins sont ouverts.

3

Nous voudrions acheter …

3

le bus pour le centre ville

3

He is very nice.

4

I like red wine.

4

I don't like meat.

4

Can you help me, please?

4

How do you say … in English?

4

a glass of water, please

4

Someone said that…

4

We don't have time.

4

next week

4

That's not possible.

4

Il est très sympathique.

4

J'aime le vin rouge.

4

Je n'aime pas la viande.

4

Vous pouvez m'aider, s'il vous plaît ?

4

Comment dit-on … en anglais ?

4

un verre d'eau, s'il vous plaît ?

4

Quelqu'un a dit que …

4

Nous n'avons pas le temps.

4

la semaine prochaine

4

Ce n'est pas possible.

4

Can you speak more slowly? 5

two return tickets, please 5

two non-smoking seats 5

I don't understand. 5

Where is there a petrol station? 5

I believe the car is kaput. 5

It is not expensive because 5
it is old.

Does this bus go to the station? 5

At what time does the 5
train leave?

We are coming from England. 5

Pouvez-vous parler plus lentement ? 5

deux billets aller-retour, s'il vous plaît 5

deux places pour non-fumeurs 5

Je ne comprends pas. 5

Où y a-t-il une station-service ? 5

Je crois que la voiture est en panne. 5

Il n'est pas cher parce qu'il est vieux. 5

Ce bus va jusqu'à la gare ? 5

À quelle heure part le train ? 5

Nous venons d'Angleterre. 5

I cannot wait. **6**

Can you come? **6**

He has given them the number. **6**

This one is for him. **6**

Can you give me…? **6**

I do not like that. **6**

What did he say? **6**

a week at Christmas with me **6**

Our holiday is over. **6**

I did not see it/her/him. **6**

Je ne peux pas attendre.

6

Pouvez-vous venir ?

6

Il a leur donné le numéro.

6

Celui-ci est pour lui.

6

Pouvez-vous me donner …?

6

Je n'aime pas ça.

6

Qu'est-ce qu'il a dit ?

6

une semaine à Noël avec moi

6

Nos vacances sont terminées.

6

Je ne l'ai pas vu(e).

6

Nous certifions

que

....

a brillamment réussi un cours de six semaines d'

Anglais Instantané

Avec les résultats suivants ....%

Date

Professeur